圖一　北京白雲觀山門

白雲觀位於北京西便門外，全真教第一叢林。前身為唐天長觀。金正隆年間毀於戰火，後重建，改為十方大天長觀。丘處機自西域東歸，奉旨居住於此。後元太祖更名為長春宮，丘處機死即葬於東側處順堂。元末毀於戰火，明太祖洪武年間修建，改為白雲觀，一直沿用至今。山門正中的「敕建白雲觀」鐵鑄匾額為明英宗御賜。

圖二　北京白雲觀邱祖殿

原稱處順堂。為白雲觀建築群的中心，供奉丘處機。殿內有一瘿鉢，瘿鉢置於石礎之上，丘處機葬於此石礎下方。

國家圖書館出版品預行編目資料

新譯長春真人西遊記／顧寶田,何靜文注譯.——初版二刷.——臺北市：三民，2022
面；　公分.——(古籍今注新譯叢書)

ISBN 978-957-14-4395-9（平裝）
1.遊記 2.中國

690　　96014311

古籍今注新譯叢書
新譯長春真人西遊記

注 譯 者　顧寶田　何靜文
發 行 人　劉振強
出 版 者　三民書局股份有限公司
地　　址　臺北市復興北路 386 號 (復北門市)
　　　　　臺北市重慶南路一段 61 號 (重南門市)
電　　話　(02)25006600
網　　址　三民網路書店 https://www.sanmin.com.tw

出版日期　初版一刷 2008 年 1 月
　　　　　初版二刷 2022 年 5 月
書籍編號　S032970
I S B N　978-957-14-4395-9

顧寶田
何靜文 注譯

新譯長春真人西遊記

三民書局

圖五　蒙古傳統民居蒙古包（ShutterStock提供）

圖三　元太祖成吉思汗像

圖四　元皇后像

頭上所戴即故故冠，又稱顧姑冠、姑姑冠。（參見本書頁五四注⓱）

刊印古籍今注新譯叢書緣起

劉振強

人類歷史發展，每至偏執一端，往而不返的關頭，總有一股新興的反本運動繼起，要求回顧過往的源頭，從中汲取新生的創造力量。孔子所謂的述而不作，溫故知新，以及西方文藝復興所強調的再生精神，都體現了創造源頭這股日新不竭的力量。古典之所以重要，古籍之所以不可不讀，正在這層尋本與啟示的意義上。處於現代世界而倡言讀古書，並不是迷信傳統，更不是故步自封；而是當我們愈懂得聆聽來自根源的聲音，我們就愈懂得如何向歷史追問，也就愈能夠清醒正對當世的苦厄。要擴大心量，冥契古今心靈，會通宇宙精神，不能不由學會讀古書這一層根本的工夫做起。

基於這樣的想法，本局自草創以來，即懷著注譯傳統重要典籍的理想，由第一部的四書做起，希望藉由文字障礙的掃除，幫助有心的讀者，打開禁錮於古老話語中的豐沛寶藏。我們工作的原則是「兼取諸家，直注明解」。一方面熔鑄眾說，擇善而從；一方面也力求明白可喻，達到學術普及化的要求。叢書自陸續出刊以來，頗受各界的喜愛，使我們得到很大的鼓勵，也有信心繼續推廣這項工作。隨著海峽兩岸的交流，我們注譯的成員，也由臺灣各大學的教授，擴及大陸各有專長的學者。陣容的充實，使我們有更多的資源，整理更多樣化的古籍。兼採經、史、子、集四部的要典，重拾對通才器識的重視，將是我們進一步工作的目標。

古籍的注譯，固然是一件繁難的工作，但其實也只是整個工作的開端而已，最後的完成與意義的賦予，全賴讀者的閱讀與自得自證。我們期望這項工作能有助於為世界文化的未來匯流，注入一股源頭活水；也希望各界博雅君子不吝指正，讓我們的步伐能夠更堅穩地走下去。

新譯長春真人西遊記　目次

導讀

十三世紀三十年代，道教全真教掌教丘處機應成吉思汗之邀，帶領十八位弟子前往中亞雪山行宮接受諮詢。此行往返三年，行程數萬里，一路上所見所聞，由他的隨行弟子李志常撰寫成書，即是這本《長春真人西遊記》。此書不僅是著名的道教典籍，也是研究中外交通史的珍貴資料，被收入《道藏》、《道藏輯要》、《中西交通史料匯編》等書中。近代著名學者王國維、中西交通史專家張星烺等都為此書作注。十九世紀中後期，又相繼被譯成俄文、法文、英文，受到外國學者的重視。

書中主角丘處機（一一四八～一二二七年）字通密，登州棲霞縣濱都里人（登州府治在今山東蓬萊），出身「名族」，自幼聰敏過人，日記千言，久而不忘，少年時即嚮往神仙之道。金大定八年（一一六八年）三月，全真教創始人王嚞（道號重陽子，習稱王重陽）率弟子馬鈺來山東昆崳山一帶傳教，十九歲的丘處機前往拜師入道。次年，隨王西去，至開封，王病死，馬鈺繼任掌教。丘與馬鈺、劉處玄、譚處端四人扶王嚞靈柩回陝西，安葬在終南劉蔣村，並結廬守墓三年。期滿後，四人分散修煉。丘西行至寶雞磻溪，穴居修煉，日夜不寐。「日乞一食，行則一蓑，雖簞瓢不置也。」（《甘水仙源錄》卷二）苦修六年，又遷居隴州龍門山（在今山西河津西北及陝西彭城東北）龍門洞修煉七年，苦行如前。經過十三年隱居修煉，「道既成，遠方學者咸依之。」（同上）亦為地方官所敬信，被請至終南山全真教祖庭為住持。金大定二十八年（一一八八年）春，金世宗召丘赴京，受到禮遇。金章宗即位後，曾一度下令禁止全真教等民間宗教，使全真教一度受挫，取消禁令後又得以發展。明昌二年（一一九一年），丘由陝西祖庭回到山東棲霞，建太虛觀，進行傳教活動，其他全真教的骨幹分子亦多來到山東，使教團勢力日漸壯大。

金泰和三年（一二〇三年），丘接替劉處玄為掌教。尹志平《北遊語錄》載：「丹陽師父以無為之教，古道也。至長春師父，則教人積功行，存無為而行有為。」認為劉處玄掌教期間，「無為有為相半」，丘時則「有為十之九，無為雖有其一，獨存而勿用焉。」丘之更重有為，和當時所處動亂時代密不可分。當時「連年兵革，飢疫繼作，餓殍在野。」（《長春大宗師《玄風慶會圖說文》卷一）面對民眾極端悲慘之處境，丘表示深切的同情和強烈的救助願望。他在詩中感嘆：「天蒼蒼兮臨下土，胡為不救萬靈苦。萬靈日夜相凌遲，飲氣吞聲死無語。仰天大叫天不應，一物細瑣徒勞形。安得大千復混沌，免教造物生精靈。」「嗚呼天地廣開辟，化出眾生千萬億。暴惡相侵不暫停，循環受苦知何極。皇天后土皆有神，見死不救知何因。下士悲心卻無福，徒勞日夜含酸辛。」（《磻溪集》）他雖然「令道眾，力服耕耘，分己之糧，以濟飢餒。」（《長春道教源流》卷二）但此種作法，只是杯水車薪，收效甚微。

為了實踐全真教真功真行合一的宗旨，必須採取更為有效的行動，即把明心見性的心性修煉，轉化為仁民愛物之心，並付諸社會實踐活動，從無為中生發出有為之用，如此方是「全真」。《晉真人語錄》言：「若要真行者，須要修仁蘊德，濟貧拔苦，見人患難，常懷拯救之心，或化善人入道修行。所為之事，先人後己，與萬物無私，乃真行也。若人修行養命，先須積行累功，有功無行，道果難成，功行兩全，是謂真人。」丘不顧高齡，不畏艱辛，萬里跋涉，乃修全功全行之大行動也。

當時，由於全真教在陝西、河南、河北、山東等地廣泛發展。特別是金貞祐二年（一二一四年）秋，山東發生楊安兒起義，登州、寧海亦隨之震動，金駙馬都尉奉命率兵征剿，又請丘出面撫諭，丘「所至皆投戈效命，二州遂定。」（《甘水仙源錄》卷二）這一事例顯示全真教在下層民眾中的巨大號召力，引起蒙古、宋、金各方關注，都想引為己用，多次派使者前往聯絡。先是金宣宗貞祐四年（一二一六年）遣使召請，繼有宋寧宗於嘉定十二年（一二一九年）召請，同年五月，成吉思汗派劉仲祿召請。丘統觀全局，判定金王朝行將滅亡，南宋亦軟弱不振，唯有蒙元實力最強，將主宰未來全局。全真教的發展和濟世救民的大功德要借助他們來實現，故婉拒金、宋而赴成吉思汗之召。丘之選擇，為全真教的大發展開闢了新局面，也打開了成吉思汗及其後繼者了解儒家治國治民之道的窗口，對其以後治理國家的政策有重要影響。

本書約二萬多字，《道藏》本按分量分為上下兩卷，多數版本仿此。此次注譯按行進路線和所述內容分為七章，各章分量相差很大，但內容相對較集中，便於把握。各章內容可參看相關題解。為幫助大家閱讀，再談三個問題。

(一)人文地理方面的價值

此書寫法頗類歷史地理學名著《水經注》，以記述沿途之城鎮、山川、湖泊、沙漠、關隘為主，兼及民俗、物產、氣候、史跡等，「掇其所歷而為之記，凡山川道里之險易，水土風氣之差殊，與夫衣服、飲食、百果、草木、禽蟲之別，粲然靡不畢載。」（孫錫〈序〉）涉及內容廣泛而豐富，史料價值甚高。如果從燕京北上開始，至雪山行宮止，可大致劃分四個區段。

其一，燕京北行至呼倫湖段，經過河北、內蒙古兩省區。主要記載了野狐嶺，這是一戰略關隘，西元一二一一年，元軍在此大敗金兵主力，使其節節敗退，一蹶不振。此地亦為中原與塞北的分界線。書中寫道：「登高南望，俯視太行諸山，晴嵐可愛。北顧但寒沙衰草，中原之風自此隔絕矣。」接著敘述蓋里泊之鹽鹼地、小片沙漠，魚兒濼之牧民車帳，隨水草游牧生活，一望無際的大草原。接著過明昌界。明昌界即金代防邊之界壕，長數千里，作用類似古長城，其遺跡至今尚存，學者對此研究考據甚多。再經二十餘日跋涉，抵達「積水成海，周數百里」的呼倫湖南側斡辰大王營地。此段近二千里，路不算太難走，可領略塞外風光、呼倫貝爾大草原的遼闊，並緬懷人文遺跡。

其二為由此西行，經蒙古國全境，至西北部之科布多止。此段先是湖陸局河（今克魯倫河）西行，沿途可見以黑車白帳為家的蒙古牧民，「其俗牧且獵，衣以韋毳，食以肉酪。男子結髮垂兩耳，婦人冠以樺皮，高二尺許，往往以皂褐籠之。富者以紅綃其末，如鵝鴨，名曰『故故』，大忌人觸。出入廬帳，須低回。俗無文籍，或約之以言，或刻木為契。遇食同享，難則爭赴。有命則不辭，有言則不易，有上古之遺風焉。」再西行，見契丹古城。既而越庫倫（今蒙古國烏蘭巴托市）以南高山，及「松栝森森，干雲蔽日」的長松嶺（今杭愛山），到達規模龐大，氣勢恢弘，「車輿亭帳，望之儼然，古之大單于未有若此之盛」的窩里朵（行宮）。再西行，來到金山（今阿爾泰山）東側科布多一帶的田鎮海城。此段對十三世紀蒙古民俗的介紹，簡煉精彩；對雄奇壯美的高山大峽、森林河湖的描述，頗具震撼力。

其三，由田鎮海城西行至賽蘭城（今烏茲別克首都塔什干及奇姆肯特城一帶）。這一段路程內容最為豐富，其行進路線是翻越金山南行，經準葛爾盆地南端的白骨甸（今古爾班通古特沙漠），過鼈思馬大城（今烏魯木齊市東北百餘里）、昌八剌，再過天池（今賽里木湖），經阿里馬城（今新疆霍城境），至大石林牙（今吉爾吉斯首都比什凱克），再西至賽蘭城。此段路程經由蒙古入新疆，再入中亞兩國，有越過金山「深谷長坂，車不可行」，「命百騎挽繩縣轅以上，縛輪以下」的驚險無比的陡壁懸崖，有陰森恐怖的絕地白骨甸沙漠，讀之令人驚悚。有鼈思馬的異域風情及大唐北庭端府軼事。一路西行，觀賞南側的雪山風光，直至山頂之天池，「方圓幾二百里，雪峰環之，倒影池中。師名之曰天池。沿池正南下，左右峰巒峭拔，松樺陰森，高踰百尺，自巔及麓，何啻萬株。眾流入峽，奔騰洶湧，曲折灣環，可六七十里。」丘處機在詩中描繪得更為傳神：「銀山鐵壁千萬重，爭頭競角誇清雄。日出下觀滄海近，月明上與天河通。參天松如筆管直，森森動有百餘尺。萬株相倚鬱蒼蒼，一鳥不鳴空寂寂。」又經阿里馬，此地特產禿鹿麻（棉花），中原不識。又西行至大石林牙，此城與中原淵源頗深。遼代末年，王族耶律大石率族人外逃，移徙十餘年，來到此地，建西遼國，存續八十八年。此城為回族聚居處，賽蘭城亦與之相類，在文化民俗宗教等方面，具有中亞回教國家的異域風情。

其四，由邪米思干（今烏茲別克撒馬爾罕）至雪山行宮。丘曾兩度住邪米思干等候接見，共八個月之久，故對此城記載頗詳，下面一段，多側面介紹此古城風貌：「果菜甚贍，所欠者芋栗耳，茄實若粗指而色紫黑。男女皆編髮，男冠則或如遠山，帽飾以雜綵，刺以雲物，絡之以纓。自酋長以下，在位者冠之，庶人則以白麼斯六尺許，盤於其首。酋豪之婦，纏頭以羅，或皁、或紫、或繡花卉織物象，長可五六尺。髮皆垂，有袋之以緜者，或素、或雜色，或以布帛為之者。不梳髻，以布帛蒙之，若比丘尼狀，庶人婦女之首飾也。衣則或用白氎，縫如注袋，窄上寬下，綴以袖，謂之襯衣，男女通用。車舟農器制度，頗異中原。國人皆以鍮石銅為器皿，間以磁，有若中原定磁者。酒器則純用琉璃，兵器則以鑌。市用金錢無輪孔，兩面鑿回紇字。其人物多魁梧，有膂力，能負戴重物，不以擔。婦人出嫁，夫貧則再嫁。遠行踰三月，則亦聽他適。異者或有鬚髯。國中有稱大石馬者，識其國字，專掌簿籍。丘處機由邪米思干兩度去往成吉思汗大雪山行宮（在今阿富汗興都庫什山）謁見，經碣石、班里、鐵門等地，行進在雪山峽谷激流之間，其艱難險要程度，更勝於前。如對石門山峽的描寫：「山有石門，望如削蠟。有巨石橫其上，若橋焉。其下流甚急，騎士策其驢以涉，驢遂溺死。」丘處機亦即景賦詩云：「水北鐵門猶自可，水南石峽太堪驚。兩崖絕壁攙天聳，一澗寒波滾地傾。」「雪嶺皚皚上倚天，晨光燦燦下臨川。仰觀峭壁人橫度，俯視危崖栢倒縣。」讀之亦覺驚心動魄。此外還記述沿途所見稀罕之物，如奇特的實心竹，高大的經冬葉青而不凋的蘆葦，三尺長青黑色的大蜥蜴，泉水流出結晶成紅色岩鹽，堆積如山，以及孔雀、大象等等。

最後兩部分，一是記述返回途中的零散見聞與活動。因急於趕路，行色匆匆，所記甚少，有特色的如賽蘭東山的兩頭蛇，阿拉湖中鐵山風塚奇觀等。最後部分則是圍繞丘處機的宗教活動及病逝諸事。

上述記載，經中外學者考證，多數是可信的，故可作為研究中外交通史、民俗、宗教等方面的重要史料。

㈡詩詞的作用

全真教從創教祖師王重陽到全真七子，多出身名門士族，知識廣博，善文精詩，丘處機亦如此，他詩思敏捷，詩作甚多。如其重要著作《磻溪集》六卷，便全用詩詞寫成，與他人交往應答，亦常常以詩詞相贈。用詩詞形式表達對道的感悟，可以不過於直白，給人以更多的聯想空間，故佛道常用之。

本書共有詩詞七十八首，長短不一，最短的只有四句，二十字，最長的一首七言紀事詩，有三十二句，二百二十四字。這些詩詞在描寫景物，闡述道教哲理，抒發個人感懷等方面有重要作用。詩中寫景之句甚多，如過沙漠途中望雪山：「高如雲氣白如沙，遠望那知是眼花。漸見山頭堆玉屑，遠觀日腳射銀霞。橫空一字長千里，照地連城及萬家。」寫邪米思干街景：「滿城銅器如金器，一市戎裝似道裝。剪鏃黃金為貨賂，裁縫白氎作衣裳。靈瓜素椹非凡物，赤縣何人搆得嘗。」描寫遭逢戰亂的鄉村：「昔年林木參天合，今日村坊偏地開。無限蒼生臨白刃，幾多華屋變青灰。」等等。闡述道教哲理詩作，較為集中的有：「太上弘慈救萬靈，眾生薦福藉群經。三田保護精神氣，萬象欽崇日月星。自揣肉身潛有漏，難逃科教入無形。且遵《北斗》齋儀法，漸陟南宮火煉庭。」再如：「徇物雙眸眩，勞生四大窮。世間渾是假，心上不知空。」「昨日念無蹤，今朝事亦同。不如齊放下，度日且空空。」等等。絕大多數則為寓情於景，借景抒懷之作。譬如：「西山爽氣清，過雨白雲輕。有客林間坐，無心道自成。」「長河耿耿夜深深，寂寞寒窗萬慮沉。天下是非俱不到，安閑一片道人心。」等等。

總體看來，多數詩作，語言平實，聯想自然，皆有為而發，無刻意雕琢，偶有奇絕之句或生僻用典，尚無大礙，不失通俗流暢之本色。清代學者阮元稱其詩「清真平淡，多可誦」，言之不虛也。

對詩詞的注解，除釋字詞外，前面有幾首作了通解，對詩中寓意亦稍加剖析，以例其他，上增一字，如五字變六字，七字變八字，求其稍加通俗而已。

供讀者借鑑。詩無達詁，為避免誤導，後面大部分詩詞寓義則留給讀者自悟。語譯多在原句

㈢講道內容

丘處機在雪山行宮，集中為成吉思汗講道三次，所講內容由於成吉思汗命令「勿泄於外」，故在《記》中被省略了。此後，耶律楚材編《玄風慶會錄》，李道謙撰《全真第五代宗師長春演道主教真人內傳》，都根據保存之談話記錄，作了較詳細披露。《元史・釋老傳》將其歸納為三點：「處機每言，欲一天下者，必在乎不嗜殺人。及為治之方，則對以敬天愛民為本。問長生久視之道，則告以清心寡欲為要。」此概括刪繁就簡，中心突出，甚為恰當。

第一點，丘說：「天道好生而惡殺。止殺保民，乃合天心。順天者，天必眷祐，降福我家。況民無常懷，惟德是懷，民無常歸，惟仁是歸。若為子孫計者，無如布德推恩，依仁由義，自然六合之大業可成，億兆之洪基可保。」又說：「嘗聞三千之罪，莫大於不孝。今聞國俗於父母未知孝道。上乘威德，可戒其眾。」（《長春演道主教真人內傳》）這些說法具有明顯針對性。蒙古大軍在征城略地的戰爭中，靠殺人屠城以立威，其作法空前慘烈。如《蒙韃備錄》載：「韃人攻城無不破，破則不問妍醜老幼貧富順逆皆誅之，略不少恕。」《長春道教源流》卷二引西書所記成吉思汗西征殺戮事：攻訛脫剌，守兵三萬，死亡殆盡，僅餘二卒。攻撒格納克，屠其城。攻白訥克特，既降，盡殺其兵。攻撒馬爾罕，既納款，下令藏匿

兵丁者殺無赦，伏誅甚眾等等。非但對外敵如此，即使解決部落間、父子兄弟間糾紛，也常常採取極端手段，刀兵相見，大開殺戒。丘處機借助天意，大膽勸諫，其非凡勇氣令人敬佩，亦收到積極效果，成吉思汗聽後表示「悉合朕意」，「終當行之」。

第二點，敬天愛民為本。丘對成吉思汗說，山東、河北等富庶地域，「今盡為陛下所有，奈何兵火相繼，流散未集。宜選清幹官為之撫治，量免三年賦役，使軍國足金帛之用，黔黎復蘇息之安。一舉而兩得，斯乃開創之良策也。苟授非其才，不徒無益，反以為害。」（同上）意即派好官安撫治理，免賦役，恢復生產，以滿足國用，安定民心，皆儒家治世之道也。

第三點，清心寡欲以求長生。清心寡欲，固精守神，為道教修行的基本方法，丘對此廣加發揮，從原理到方法、例證，皆有涉及，內容駁雜。歸結起來，不外「減聲色，省嗜欲」可得長壽，獨臥靜寢勝於服藥，以及貪欲好色，喪精耗氣之類節欲養生之法。這些都得到成吉思汗的認同。

本書撰寫者李志常（一一九三～一二五六年）字浩然，開州觀城（今山東范縣）人。幼孤，養於伯父家。年十九，逃婚出走，隱居天柱山之仙人宮，宮主囑其往投丘處機。戊寅（一二一八年）六月，拜丘為師，「師一見器許，待之異常。」（《甘水仙源錄》卷三）次年，被選為十八位從行弟子之一，隨丘西行，並撰成此書。此書樸實流暢，簡練而不疏略，紀實中不乏文采。如王國維〈序〉說：「考全真之為道，本兼儒釋，自重陽以下，丹陽、長春并善詩頌，志常尤文采斐然。其為是記，文約事盡，求之外典，惟釋家《慈恩傳》（指玄奘《大唐西域記》）可與抗衡，三洞之中未有是作也。」對此書評價甚高。丘死後，尹志平為全真掌教，志常副之，深得蒙古皇帝器重，請其為太子講解《周易》、《尚書》、《詩經》、《道德經》、《孝經》，後又請他教授蒙古貴官之子，倍受嘉獎。一二三八年接任掌教之職，繼續推進全真教發展到鼎盛期。晚年，因佛道矛盾激化，佛教勢力上升，全真教受壓抑而盛極轉衰，志常亦抑鬱而終，享年六十四歲。著有《又玄集》二十卷，已佚，只有此書傳世。

本書撰寫過程中，主要參考了王國維《長春真人西遊記注》、丁謙《元長春真人西遊記地理考証》、張星烺《長春真人西遊記》注釋、酥醪洞主陳教友《長春道教源流》卷二卷三、張德輝《塞北紀行》、耶律楚材《西遊錄》、紀流《成吉思汗封賞長春真人之謎》等書。版本則以《道藏》本為底本，參校他書。其他如注釋、語譯、題解各項，皆依叢書統一體例。錯誤不當之處，望多加指正。

顧寶田
何靜文 謹識

一　應詔赴京

【題解】本章概述西行前的背景情況，及由山東萊州至燕京途中發生的事情。時間約為戊寅（一二一八年）、己卯（一二一九年）至庚辰（一二二〇年）四月，集中在己卯年十二月至庚辰年四月間。共分五段：㈠推辭多方聘請；㈡劉仲祿講述奉成吉思汗旨意詔請的曲折經歷和決心，丘應詔；㈢由萊州出發，經濰陽、青社，再經長山、鄒平至濟陽；㈣過滹沱河，經盧溝橋入京；㈤拒絕處女隨行，舉行祈雨醮事。是為西行前的預備階段。

父師❶真人❷長春子❸，姓丘氏，名處機，字通密，登州❹棲霞❺人。未冠❻出家，師事重陽真人❼。既而住磻溪、龍門❽十有三年。真積力久❾，學道乃成。暮年還海上❿。

戊寅⓫歲之前，師在登州，河南⓬屢欲遣使徵聘，事有齟齬⓭，遂已。明年，住萊州⓮昊天觀。夏四月，河南提控邊鄙使⓯至，邀師同往，師不可，使者攜所書詩頌⓰歸。繼而復有使自大梁⓱來，道聞山東為宋人所據⑱，乃還。其年八月，江南大帥⑲李公⑳、彭公㉑來請，不赴。爾後，隨處往往邀請，萊之主者㉒難其事。師乃言曰：「我之行止天也，非若輩所及知，當有留不住時，去也。」

【注釋】❶父師　道徒對師父的敬稱。表示對師父極端敬重之意。❷真人　道家、道教稱「修真得道」或「成仙」之人為真人。《莊子・天下》：「關尹、老聃乎，古之博大真人哉！」《莊子・大宗師》：「且有真人而後有真知。何謂真人？古之真人，不逆寡（不違逆少數人的意願），不雄成（不以己之所成居功自恃），不謨士（謨士作謀事。不有心謀劃，任其自然）。」《太平經》卷四二：「真人職在理（治理）地。」其等級地位在「大神之下，仙人之上」。唐代以後，帝王扶植道教，以「真人」稱號授予某些歷史人物和當時著名道士。如唐玄宗封莊周為「南華真人」，元世祖忽必烈封丘處機為「長春演道主教真人」等。真人不僅是道士的最尊封號，也是道官中品級最高的官爵名稱。明代贈號「真人」者為正二品，清初為正三品，乾隆十七年（一七五二年）後降為正五品。真人亦指能掌握天地陰陽變化規律，善於保全精氣神，諳於呼吸吐納養生的人；能消除愛欲，心無所染的人；對道教學說有高深造詣的人等等。❸長春子　丘處機之道號。❹登州　古地名，唐置，明、清設登州府，其地在今山東蓬萊。❺棲霞　縣名，在今山東半島中部，古屬登州府。❻未冠　男子未滿二十歲。古時士以上階層之男子，在二十歲以前不戴冠，任頭髮自然下垂，稱「垂髫」。到二十歲舉行冠禮儀式，將頭髮盤成髻，笄起來，戴上冠，是為冠禮。行過冠禮，表示這個男子已經成年，擁有成年人的一切權利和義務。丘處機從重陽真人出家學道時只有十九歲，故稱未冠。❼重陽真人　（一一一二～一一七〇年）金代道士，道教全真教創始人。王姓，原名中孚，入道後改名嚞，字知明，號重陽子。因其頭髮梳成三髻，故以嚞名。祖籍陝西咸陽大魏村，後居終南劉蔣村。自幼好讀書，才思敏捷，擅長騎射。「形質魁偉，任氣好俠」，不拘於流俗，時有驚世駭俗之舉。金熙宗天眷（一一三八～一一四〇年）初，應武舉，考中甲科，但仕途不順，家又被盜，而隱棲山林。金海陵王正隆四年（一一五九年），棄家出遊，在甘河鎮遇異人，授以修煉真訣，而悟道出家。在南時村築墓，稱「活死人墓」，入墓中修煉二年有餘，後去山東昆崳山傳道，收馬鈺、丘處機等七大弟子，建立三教七寶會、金蓮會、三光會、玉華會等，影響日廣。金世宗大定十年（一一七〇年）死於大梁（今河南開封）。王重陽所創全真道，揉合儒、釋、道為一體，主張三教平等合一，以《道德經》、《般若心經》、《孝經》為道徒必修經典，以修心去欲為本，認為斷絕酒色財氣，即可由凡入聖，修成正道。主要著作有《重陽全真集》、《重陽教化集》等，均收入《道藏》中。❽磻溪龍門　磻溪，水名。又名璜河。在今陝西寶雞東南。源出南山茲谷，北流入渭水。相傳姜太公曾在此垂釣，今仍有釣臺遺址。龍門，山名。在今山西河津西北及陝西韓城東北。山有洞，稱龍門洞，丘處機曾在此修煉七年。金世宗大定十年（一一七〇年）一月，王重陽病逝，馬鈺、丘處機等四大弟子扶柩回關中，安葬在終南劉蔣村，並以此為全真道之祖庵，在此結廬守墓三年。至大定十四年期滿，四弟子離開終南祖庵，四出雲遊。丘處機來到磻溪、龍門修煉十三年。❾真積力久　修煉真功真行，用力而持久。真指真功真行。真功為內心修煉，指澄心靜慮，抱元守一，存神固氣的內功。真行指傳道濟世之功，如修仁蘊德，濟貧拔苦，見人患難，常懷拯救之心，勸善人入道修行，行事先人後己，與物無私之類。經過十三年的隱居潛修和讀書著述，使其道教修為達到新的高度。❿暮年還海上　晚年回到海濱故鄉。海上指山東棲霞。丘由陝西終南祖庵返回棲霞，是在金章宗明昌二年（一一九一年）十月，是年丘四十四歲。古人壽命沒有今人長，臨近五十歲稱暮年不為不當。⓫戊寅　一二一八年，南宋寧宗嘉定十一年，元太祖十三年，金宣宗興定二年。⓬河南　指金國所轄之地。即以開封為中心的黃河沿岸及以南地域。當時用以指代金國。⓭齟齬　上下牙齒不相合，比喻意見分歧，事有滯礙。⓮萊州　地名，在今山東掖縣，臨近萊州灣。⓯提控邊鄙使　掌管邊境事務，節制流民之官。⓰詩頌　詩歌詞賦。指丘平時所作之詩詞歌賦手稿。⓱大梁　汴梁，即今河南開封。金國原本都於中京（北京），一二一五年成吉思汗占領中京，金主率部逃至汴梁，以之為都，稱南京。⑱山東為宋人所據　山東十二州被宋人占據。據《宋史・李全傳》載，南宋寧宗嘉定十二年（一二一九年）六月，「金元帥張林以青、莒、密、登、萊、濰、淄、濱、棣、寧、海、濟南十二州來歸。」也就是把原來金國所轄的這些地方，獻給南宋統治。⑲江南大帥　南宋軍帥。江南指南宋，因其所控之地主要在長江沿岸和長江以南，故以江南代稱。大帥，統兵將領之尊稱，非實際官職。⑳李公　李全（？～一二三一年），南宋濰州北海人。擅騎射，能運鐵槍，號李鐵槍。擁楊安兒等聚義山東，安兒死，娶其妹楊妙真，統領其眾。後歸服宋將高忠皎，屢破金兵，授武翼大夫，京東副總管，後擢承宣使。南宋理宗寶慶元年（一二二五年）投降蒙軍，陷宋鹽城、泰州，圍攻楊州時，為宋軍擊殺。詳見《宋史・李全傳》。㉑彭公　彭義斌，南宋時人。參加山東反金義軍，後投南宋，授統制之制，又擢升大名總管。元太祖十九年（一二二四年）夏，侵河北，為元將所敗。次年六月，接應武仙於真定時，被元將史天澤擒殺。《宋史・李全傳》、《元史・太祖紀》十九、二十年有零星記載。㉒萊之主者　萊州之地方長官。

【語　譯】最尊敬的師父長春真人，道號長春子，姓丘名處機，字通密，山東棲霞人。十九歲出家學道，拜重陽真人為師。重陽真人病逝數年以後，他來到磻溪和龍門山隱居十三年，潛心修煉真功真行，用力而持久，學成大道。晚年回到海濱故鄉。

戊寅年（一二一八年）之前，師父在蓬萊，金國皇帝多次想派使者前來聘請，因事多滯礙而中止。第二年，師父住萊州昊天觀。夏四月，金國掌管邊境事務之官奉命前來，邀請師父一同去往汴梁，師父沒有同意，使者便攜帶師父平日所作詩詞歌賦手稿回去復命。接著又有金國使者由汴梁來，途中得知山東十二州已被南宋占據，無法通過，便回去了。這一年的八月，南宋大帥李全、彭義斌來請，師父也沒有去。在此之後，各地常常有人前來邀請，萊州地方長官對此很為難。

師父說：「我之行止是上天決定的，不是你們這些人所能知曉；當有留不住的時候，自然會去的。」

居無何，成吉思皇帝遣侍臣劉仲祿❶縣虎頭金牌❷，其文曰：「如朕親行，便宜行事❸。」及蒙古人二十輩❹，傳旨❺敦請。師躊躇間，仲祿曰：「師名重四海❻，皇帝特詔仲祿踰越山海，不限歲月，期必致之❼。」師曰：「兵革以來，彼疆此界❽。公冒險至此，可謂勞矣。」仲祿曰：「欽奉君命，敢不竭力。仲祿今年五月在乃滿國兀里朶❾得旨。六月至白登❿北威寧⓫，得羽客⓬常真諭⓭。七月，至德興⓮，以居庸路梗⓯，燕京發士卒來迎。八月，抵京城。道眾皆曰：『師之有無未可必⓰也。』過中山⓱，歷真定⓲，風聞師在東萊。又得益都⓳府安撫司官吳燕、蔣元，始得其詳。欲以兵五千迎師，燕等曰：『京東之人聞兩朝議和⓴，眾心稍安，今忽提兵以入，必皆據險自固，師亦將乘桴海上㉑矣。誠欲事濟，不必爾㉒也。』從之。乃募自願者，得二十騎以行。將抵益都，使燕、元馳報其師張林，林以甲士萬郊迎。仲祿笑曰：『所以過此者，為求訪長春真人，君何以甲士為？』林於是散其卒，相與接轡㉓以入。所歷皆以此語之，人無駭。謀林復給以馹騎㉔，次濰州㉕，得尹公㉖。冬十有二月，同至東萊，傳皇帝所以宣召之旨。」師知不可辭，徐謂仲祿曰：「此中艱食㉗，公等且往益都，俟我上元醮㉘竟，當遣十五騎來，十八日即行。」

【注釋】❶劉仲祿　名溫，以醫術進用。向成吉思汗舉薦丘處機行年三百歲，有保養長生之祕術，而被信用。奉命持虎頭金牌和皇帝手詔，去山東迎請長春真人丘處機，並陪同西行，經歷不少艱難困苦和危險，跋涉萬里，終於完成使命。❷虎頭金牌　元代皇帝頒發給文武官員得以「便宜行事」的憑證，為帶虎頭的銅製鍍金牌。據河北省出土之金牌實物，為長六寸六分，寬一寸九分，厚約一分，四角渾圓的銅製鍍金牌。持牌者享有多種特權。❸便宜行事　可自行斟酌事勢所宜，因利乘便，妥善處理，不必請示。多指為執行某項特殊使命，從皇帝或上司那裡得到的授權。❹輩　表示人之多數。❺旨　成吉思汗皇帝之聖旨。內載詔請丘處機之緣由，全文載於陶宗儀《南村輟耕錄》卷一〇〈記丘真人〉。❻四海　猶言天下。古時以中國四周被大海圍繞，內為中國，外指世界各國。四海如今所說全世界、全天下。❼期必致之　希望一定要把他請來。❽彼疆此界　各國間彼此疆界頻繁變動。當時南宋、金、元、西夏之間戰事連綿不斷，原來疆界也隨時改變。❾乃滿國兀里朵　乃滿國之王宮。乃滿又作乃蠻，古族名，遼金時游獵於阿爾泰山與杭金山之間，文化水平較高，信奉景教，部分地區有農業。其首領太陽可汗與成吉思汗爭戰，後被擊敗。一二〇四年，部分併入蒙古。兀里朵又作窩里多、斡耳朵，為蒙語音譯，意譯為王宮、行宮。此為乃滿國太陽可汗之故宮，一二一九年成吉思汗西征花剌子模途經這裡，五月分在此度夏。⑩白登　縣名。金置，元廢，故城在今山西陽高南，地名白登鋪處。⑪威寧　縣名。金置，地在今內蒙古自治區興和縣。⑫羽客　道士的別稱。也稱羽士、羽人，本指會飛的仙人，或穿羽衣的仙人，因道教追求飛升成仙，故稱道士為羽客或羽人。⑬諭　告知。⑭德興　地名。金置德興府，元改保安州，即今河北涿鹿。⑮居庸路梗　居庸關一帶道路阻塞。居庸，居庸關，在北京昌平縣西北部，長城之重要關口。位於軍都山上，兩山夾峙，懸崖峭壁，地勢險要，為古代有名的軍事要塞。⑯未可必　不一定。當時戰事連年，交通阻隔，信息不暢，燕京道士對七十多歲的丘真人是否在世，不能確定。⑰中山　地名。在今河北定縣、唐縣一帶。⑱真定　地名。在今河北正定。⑲益都　縣名。在今山東省中部。⑳兩朝議和　南宋與元議和。據《元朝祕史續集》卷一第二五一節載，一二一四年成吉思汗派使者主不罕通好於宋，被金阻隔。兩朝通好或即指此。㉑乘桴海上　乘小木筏避往海上。桴，用竹或木紮製的簡易小舟，大曰筏，小曰桴。語出《論語・公冶長》：「道不行，乘桴浮於海。」㉒爾　如此；這樣。㉓接轡　把二人的馬繮繩聯在一起，併馬入城。接，有的版本作「按」。㉔馹騎　驛站之馬，供騎乘或傳郵之用。馹通作「驛」。㉕濰州　地名。今山東濰縣。㉖尹公　尹志平（一一六九～一二五一年），元代道士，字大和，萊州（今山東掖縣）人。先後拜馬鈺、丘處機、郝大通為師，兼有數人之長，道業日進。隨丘處機西行，謁見元太祖。丘死後，接替掌教事。後被元世祖追贈「清和妙道廣化真人」。著有《葆光集》等。㉗艱食　食物艱難。㉘上元醮　上元節之醮事。上元，農曆正月十五為上元節。醮，古為祭之別名。道教加以發展、完善，使其成為道士設壇作法事，祭禱神靈禳災除禍、祈求福佑的宗教儀式。設醮用潔淨的餅果供神，不用肉脯葷穢。要有誠敬之心，才能與神靈相通。醮分陽事與陰事，即清醮與幽醮。清醮有祈福謝恩、卻病延年、祝國迎祥、祈晴禱雨、解厄禳災、祝壽慶賀等，屬太平醮一類法事；幽醮有攝招亡魂、沐浴渡橋、破獄破湖、煉度施食等，屬於濟幽度亡之類法事。宮觀道眾每逢朔望日、重要節日、祖師聖誕，都要舉行祝壽慶賀等醮事。

【語　譯】又住了沒多久，成吉思皇帝派使臣劉仲祿帶虎頭金牌前來，牌上刻有「如朕親行，便宜行事」，還有二十名蒙古武士隨行，轉達皇帝敦請師父出山應詔的聖旨。在師父猶豫未決之時，劉仲祿說：「師父的名聲為天下人敬重，皇帝特意命令我跨越高山瀚海，長途跋涉前來，不限時間，希望一定能把您請到。」師父說：「各國交戰以來，彼此疆界不斷變動。先生冒險穿越其間，到達這裡，可以說是非常勞苦了。」仲祿回答說：「敬奉國君之命，豈敢不竭盡全力。我今年五月在乃滿國行宮裡接到皇帝的聖旨。六月到達白登以北的威寧，得遇道士常真告知師父所在。七月到達德興府，因為居庸關一帶道路阻塞，不能通過，燕京派來兵士迎接。八月抵達燕京。那裡的道士們說：『丘師父是不是在世，還不一定。』過了中山，途經真定時，聽到傳聞說師父在東萊。之後遇到益都安撫司官員吳燕、蔣元，才得知師父的詳細情況。本打算帶領五千兵馬前往迎接，吳燕、蔣元等人都說：『燕京以東之民，聽說南宋與元議和修好，心情稍微安定一些。現在突然帶眾兵進入，他們必定據險防守以求自保，師父也將乘船避往海上。如果誠心想把事情辦成，就不該這樣作。』我聽從了他們的建議。就招募自願者，得到二十名騎士隨行。將要抵達益都城時，派吳燕、蔣元馳往城中，報告他們的元帥張林。張林率領身著盔甲士卒萬人出城郊迎接。我笑著對他說：『我之所以經過這裡，是為訪求長春真人，您帶這些甲兵做什麼呢？』於是，張林解散了他的士卒，相互把馬繮繩聯在一起，併排緩步進入城中。沿途所經各地，都用同樣的話向眾人解說來意，人們不再驚恐。和張林商量，調給一些驛站用馬。在濰州停留時，得遇尹公志平。冬十二月，同尹公一起來到東萊，傳達皇帝所以召請師父的旨意。」師父知道此次不可再推辭，就緩緩對仲祿說：「我們這裡食物艱難，先生和隨行之人暫時先回益都去，等我舉辦完正月十五上元節醮事，您再派十五騎來接，正月十八即可出發。」

於是宣使❶與眾西入益都。師預選門弟子❷十有九❸人，以俟其來。如期騎至，與之俱行。由濰陽❹至青社❺，宣使已行矣。問之，張林言：「正月七日，有騎四百，軍於臨淄，青民大駭。宣使逆而止之，今未聞所在。」師尋過長山❻及鄒平❼。二月初，屆濟陽❽，士庶奉香火迎拜於其邑南。羽客長吟❾前導，飯於養素庵。會眾僉❿曰：「先月十八日，有鶴⓫十餘自西北來，飛鳴雲間，俱東南去。翌日辰巳間⓬，又有數鶴來自西南，繼而千百焉，或頡或頏⓭，獨一鶴拂庵盤桓⓮乃去。今乃知鶴見之日即師啟行之辰也。」皆以手加額。留數日。

【注釋】❶宣使　佐助中書省長官宣召四方人才之官員。《元史・百官志》一中書省掾屬設宣使五十名，當為此官。❷門弟子　門人弟子。古時門人弟子無別，東漢時稱親受業者為弟子，轉相傳授者為門人。此處則統指弟子。❸十有九　多種版本作「十有八」。隨丘西行之弟子，有姓名可查者十八人。但書中載，辛巳（一二二一年）年七月底，在田鎮海城留下弟子宋道安等九人修棲霞觀，帶趙九古等十人繼續西行，二者合為十九人。而在返回途中，癸未（一二二三）年五月，分三批過沙漠，所列名單為十七人，加已故之趙九古，亦為十八人。隨行究竟為幾人，尚難確定。❹濰陽　今山東濰縣。❺青社　青州，在今山東益都。元無青州，習慣上稱益都為青州。❻長山　地名。在今山東淄博西北。❼鄒平　在今山東淄博西。❽濟陽　縣名。在今山東省西北部，黃河北岸。❾長吟　朗誦經偈，音韻悠長。❿僉　都；皆。⓫鶴　道教之仙鳥，多指丹頂鶴。因其姿態瀟灑，翔於高天，鳴聲悠遠，有仙氣，稱為仙鶴。道教和民間多以鶴為畫，以喻吉祥長壽之義。北京白雲觀的幡帳多鶴之圖案。⓬辰巳間　辰時與巳時之間。相當於上午七時至十時末這段時間。⓭或頡或頏　有的向上飛，有的向下飛。形容群鶴上下飛舞的生動景象。頡頏，鳥上下飛翔之貌。上飛曰頡，下飛曰頏。⓮拂庵盤桓　貼著庵頂盤旋飛翔。拂庵，形容鶴之翅膀幾乎貼近庵頂。盤桓，同「盤旋」。繞庵飛翔。

【語　譯】於是，宣使劉仲祿與他帶來的人一同西去益都城。師父預先選好十九名隨行弟子，等候宣使派人來接。宣使之騎隊如期到來，師父及隨行弟子就和他們一道出發了。一行人經濰陽到達青州時，劉宣使已經走了。詢問此事，元帥張林說：「正月七日，有四百多騎兵駐紮在臨淄，為此青州百姓極為驚恐。劉宣使前往阻止，現在還不知道他在哪裡。」師父一行繼續前行，經過長山，到達鄒平。二月初，來到濟陽，官紳百姓舉著香火到城南門外跪拜迎接。道士們拖著長音朗誦經文在前面引路，到養素庵去用餐。當地教眾都說：「上月十八日，有十多隻鶴從西北飛來，在雲端飛翔鳴叫，隨後都往東南飛去。第二天辰時與巳時間，又有數隻鶴由西南飛來，接著又來了上千隻，牠們忽上忽下，盤旋飛舞，獨有一隻鶴貼著庵頂盤旋數周才離去。現在才知道，原來鶴出現的那天就是師父起程的時候。」他們都把手放到額前，以示慶幸。師父等人又在這裡住了幾天。

二月上旬，宣使遣騎來報，已駐軍將陵❶，艤舟❷以待。明日遂行。十三日，宣使以軍來迓❸。師曰：「來何暮❹？」對以：「道路榛梗❺，特往燕京會兵❻，東備信安❼，西備常山❽。仲祿親提軍，取深州❾，下武邑❿，以闢路，構橋⓫於滹沱⓬，括舟⓭於將陵，是以遲。」師曰：「此事非公不克辦。」次日，絕⓮滹沱而北。二十二日，至瀘溝⓯。京官、士庶、僧道郊迎。

是日，由麗澤門⓰入，道士具威儀⓱，長吟其前。行省石抹公⓲館⓳師於玉虛觀。自爾求頌乞名⓴者日盈門。凡士馬所至，奉道弟子以師與之名，往往脫欲兵之禍㉑。師之道廕㉒及人如此。宣撫王巨川㉓楫上詩，師答云：

旌旗獵獵㉔馬蕭蕭㉕，北望燕山度石橋。
萬里欲行沙漠外，三春㉖遽別海山遙。
良朋出塞同歸雁，破帽經霜更續貂㉗。
一自玄元㉘西去後，到今無似北庭㉙招。

【注釋】 ❶將陵　舊縣名。元改縣為陵州。故址在今河北景縣境。❷艤舟　船靠岸邊。艤，船靠岸。❸迓　迎接。❹暮　遲。❺榛梗　阻塞不通。金國在宣宗貞祐（一二一三～一二一七年）期間，放棄河朔，徙都開封，但零星地方武裝仍滯留原地，襲擾元軍，使其通行受阻。❻會兵　會合駐紮燕京之元軍，求其支援。❼信安　地名。在今河北霸縣東五十里。❽常山　地名。在今河北正定南。信安、常山皆有金國殘餘武裝駐紮，故需以兵防衛。❾深州　縣名。在今河北深縣。❿武邑　縣名。即今河北武邑。⓫構橋　架橋。當為架設臨時通過之浮橋。⓬滹沱　滹沱河。源於山西繁峙東之泰戲山，穿割太行山東流入河北平原，在獻縣與陽澄河匯合為子牙河，至天津匯入北運河入海。⓭括舟　尋找船隻。括，搜尋。⓮絕　越過；渡過。⓯瀘溝　即盧溝，橋名，位於北京西郊永定河上。建於金世宗大定二十九年（一一八九年），成於章宗明昌三年（一一九二年）。⓰麗澤門　北京西門。⓱具威儀　排成莊嚴肅穆的隊列。有幡幢前導，樂器伴奏，眾道士長聲吟唱道教經偈。⓲行省石抹公　元燕京行省石抹咸得不。行省，官名，為代行尚書省之簡稱。燕京行省為燕京最高軍政長官，可代行尚書省職權，兼蒙古漢軍兵馬都元帥。其父石抹明安，桓州人。本為金國武官，降元後屢建軍功，加太傅、邵國公，兼管蒙古漢軍兵馬都元帥。一二一六年病死，其長子石抹咸得不襲職。事見《元史・石抹明安傳》。⑲館　安排居處。⑳求頒乞名　請求讚頌之美詞，乞求賜給法名。當時兵連禍結，戰事不斷，人們的生命財產毫無保障，只有向神靈求助。能得到丘真人的賜福，便以為可以消災免難。㉑欲兵之禍　貪欲之兵造成之災禍。㉒廕　庇護。㉓王巨川　金元間陝西鳳翔虢縣人，名楫。曾任金國副統軍，守衛涿鹿隘口，兵敗為成吉思汗所俘。降元後，奉命招集山西潰兵從征，因功授宣撫使，兼行尚書六部事。隨軍南征，下金國中都（燕京）時，見人相食，建議抽軍糧救急。還提出還耕牛給農民，使民得復業。後又五往南宋議和，未果，死於途中。《元史》卷一五三有傳。㉔獵獵　風吹動旗幟發出的響聲。㉕蕭蕭　馬嘶鳴之聲。㉖三春　春天的三個月。農曆正月為孟春，二月為仲春，三月為季春，合稱三春。亦單指春三月，此處即是。㉗續貂　比喻事物之善惡美醜前後不相稱，以次充好。源自成語「狗尾續貂」，貂尾不足，以狗尾續之。此處丘處機謙稱自己仿效老子西行傳道，如同狗尾續貂。㉘玄元　老子封號。唐朝初年，尊崇道教，唐高宗進封老子為太上玄元皇帝，簡稱玄元。㉙北庭　漢代北方匈奴人所居之地。此處當取西漢蘇武出使匈奴，被拘十九年，持節不屈，終被招回的故事。這首七律抒發丘真人出發前的複雜心緒。前二句以景起興，耳聽風吹大旗獵獵作響和群馬嘶鳴之聲，北望著燕山，在石橋上漫步遐想。接下來想到就要遠行大漠之外，在陽春三月的大好春光裡倉猝與故人作海山之別，心中頗為惆悵。五六句寫同行師友如歸雁般目標明確，信念堅定，要仿效老子西入流沙，不畏艱險，化胡傳道。可視作西行宗旨。末兩句是對西行結果的預測，此行很可能像老子一樣，有去無回，無人相招。雖然如此，仍不退縮，以七十三歲高齡毅然踏上前途未卜之漫漫征程，其以身殉道之精神令人欽敬。

【語　譯】二月上旬，劉宣使派騎者來通報，現在他們已駐軍將陵，並把船隻靠攏岸邊，等候著。第二天大家就出發了。十三日，劉宣使率軍兵來迎接。師父問：「為什麼來得這樣遲呀？」回答說：「因為道路阻塞不通，特地往燕京會合那裡的軍兵，東面防備信安之敵軍，西面防備常山之敵兵。我親自提典兵馬奪取深州，攻下武邑，以便開闢道路，在滹沱河上架設浮橋，又在將陵搜尋船隻，所以來遲了。」師父說：「這些事若非先生不能辦成。」第二天，越過滹沱河向北行。二十二日，來到盧溝橋畔。燕京城內的官員、士紳、平民、僧人、道士都出城郊迎接。

這一天，師父一行人由城西麗澤門進入，道士們排成莊嚴肅穆的隊列，長聲吟誦道教經偈在前面引導。燕京最高軍政長官石抹咸得不安排師父住進玉虛觀。自此以後，請求祝頌之詞的人和乞求賜予法名的人每天都充滿門庭。凡乘馬而來的本道弟子，因為師父賜與法名，常常能逃脫兵災之禍。師父之大道庇護眾人，就是這樣呀。宣撫使王巨川寫詩呈送師父，師父也以詩作答。詩曰：

大旗獵獵群馬嘶鳴，北望燕山踱步石橋。
欲行萬里至大漠外，三月突別海山遠隔。
好友出塞如雁歸去，破帽經霜作續貂行。
自從老子西行去後，到今不見人來相招。

師聞行宮漸西❶，春秋已高❷，倦冒風沙，欲待駕迴朝謁。又仲祿欲以選處女偕行❸。師難之曰：「齊人獻女樂，孔子去魯❹。余雖山野，豈與處子同行哉！」仲祿乃令曷剌❺馳奏❻，師亦遣人奉表❼。一日，有人求跋閻立本❽《太上過關圖》❾，題：

蜀郡❿西遊日，函關⓫東別時。
群胡皆稽首⓬，大道復開基。

又以二偈⓭示眾。其一云：

雜亂朝還暮，輕狂古到今。
空華空寂⓮念，若有若無心⓯。

其二云：

觸情常決烈⓰，非道莫參差⓱。
忍辱調猿馬⓲，安閑度歲時。

四月上旬，會眾請望日⓳醮於天長。師以行辭，眾請益力，曰：「今茲兵革未息，遺民有幸，得一覲真人，蒙道廕者多矣。獨死者冥冥長夜，未沐薦拔⓴，遺恨不無耳。」師許之。時方大旱，十有四日，既啟醮事，雨大降，眾且以行禮為憂。師於午後赴壇將事，俄而開霽。眾喜而歎曰：

「一雨一晴，隨人所欲。非道高德厚者，感應若是乎！」明日，師登寶玄堂傳戒㉑時，有數鶴自西北來，人皆仰之。焚簡之際，一簡飛空而滅，且有五鶴翔舞其上。士大夫咸謂師之至誠動天地。南溏老人張天度子真，作賦美其事，諸公皆有詩。

【注釋】❶行宮漸西　成吉思汗的行宮漸漸西移。當時成吉思汗正率領二十萬大軍西征花剌子模。隨著戰事的進展，蒙古大軍不斷向西推進，作為統帥的行宮也隨著西移。❷春秋已高　年事已高。是年丘七十三歲。❸選處女偕行　挑選一些美貌姑娘同行。當時蒙古習俗，出師征戰，首領和軍帥多帶女樂妻孥侍姬隨行。據《蒙韃備錄》載：「其俗出師不以貴賤，多帶妻孥而行。」「國王出師，亦以女樂隨行。率十七八美女，極慧黠。」此選之女當是獻與成吉思汗作侍姬樂舞之用。❹孔子去魯　孔子離開魯國。齊景公派人送女樂給魯君，想用聲色之樂銷減魯君意志。魯國執政季桓子勸魯定公接受下來，君臣相與觀賞樂舞，廢棄朝政。擔任魯國大司寇的孔子，屢諫不聽，憤而棄職離去。❺曷剌　曷剌八海。特命隨行護衛四人之一。❻馳奏　騎馬快速馳往成吉思汗行宮報告。報告內容當與丘所奉表章相同，即丘公不欲西行，在北京等候，可否，請定奪之類。❼奉表　呈上表章。丘真人向成吉思汗所呈陳情表文，言其奉詔投奔燕京後，得知「車駕遙遠不知其幾千里，風塵澒洞，天氣蒼黃，老弱不堪，竊恐中途不能到得。假之皇帝所則軍國之事非己所能，道德之心，令人戒欲，殊為難事……不若且在燕京德興府等處盤桓住坐……伏望皇帝早下寬大之詔，許其可否。」就是想在德興府等候皇帝歸來時謁見。此表全文見《輟耕錄》卷一〇。❽閻立本　（?～六七三年）唐代著名畫家。雍州萬年（今陝西西安）人。父兄俱擅繪畫、工藝和建築。高宗顯慶初，兄死，代為工部尚書。高宗總章元年（六六八年）升右相，封博陵縣男。咸亨元年任中書令。工書法，善畫人物、車馬、臺閣，有「丹青神化」、「冠絕古今」之譽。筆力圓勁雄渾，尤精肖像，長於刻畫性格。宋《宣和畫譜》收其畫作四十二件，其中道教畫作二十一件，為唐代之首。傳世作品有《步輦圖》，描繪唐太宗接見松贊干布使臣迎接文成公主情景。有宋人摹本，藏北京故宮博物院。❾太上過關圖　太上老君騎青牛過函谷關圖。老子西出函關故事，見於《史記・老子韓非列傳》、《列仙傳》、《抱朴子》等書。函關又有作散關，情節詳略亦有差別。以此為題材的畫作尚有多種。❿蜀郡　泛指四川。⓫函關　函谷關。古函谷關在今河南靈寶東北，戰國時秦置。因關在谷中，深險如函得名。東自崤山，西至潼津，皆稱函谷，號稱天險。西漢時移至新安，稱新函關，在今河南新安，距原關約三百餘里。據《歷代真仙體道通鑑》記載：尹喜善觀天象，見有紫氣東來，知有大聖人要路過函關，便謀得關尹一職，在此守候。終於等得老子到來，傳授其《道德經》五千言，臨別時相約千日後四川青羊之肆相見。尹喜如期前往，尋得老子，一同飛升成仙。詩之頭兩句即取材於此。⓬稽首　跪拜叩首至地並多時停留。為臣拜君之禮儀。稽，稽留之意。此詩意在頌揚老子西出函關，深入流沙，向西域胡人傳道，在那裡開創大道基業的功績。⓭偈　頌詞。多以四、五、七字為句，四句為偈。內容多以讚頌功德、揭示道教哲理為主，可吟唱，有一定的韻腔格式。⓮空寂　猶清靜。指物欲淨盡，自性空虛的狀態。人修煉到內不見身心，外不見宇宙，妄念不生，超越生死，方是至此境界。⓯若有若無心　擯除一切思慮欲望，保持絕對虛靜之心。此偈揭示全真道追求的一種終極心靈境界。把古今朝暮發生的一切視為動蕩不定、變幻無常的，如同空花一般，既非真有，亦非空無。用此心看待一切，則不生執著，而獲解脫。如同佛家所說悟境。⓰決烈　同「決裂」。指對立紛爭不能調和的狀態。⓱非道莫參差　非道不能使參差不齊的事物和認識達到同一。參差，長短高低不齊的樣子。⓲猿馬　心猿意馬。比喻心和意就像猿猴和野馬一樣難於控馭。這首偈的意思是讓人斷絕一切情欲，忍受世間的一切屈辱，調諧好心意，安寧閒適地度過一生。全真教主張「澄心遣欲」，違逆世俗之情，棄絕五欲。提出「修行切忌順人情，順著人情道不成」，要把「五情六欲都消散」，特別要斷絕男女之欲，斷「酒色財氣，攀援愛欲，憂愁思慮」，才能成仙得道。王重陽和全真七子們也是這樣實踐的。⑲望日　陰曆每月十五日，月圓之日。⑳未沐薦拔　未蒙超度。薦拔即超度之意。指救助死者靈魂脫離地獄諸般苦難，獲得新生。㉑傳戒　宣講道教戒律。戒即戒律，為道教約束道徒思想、行為的各種規則。內容多為道德訓戒和行為規則。元王惟一《道法心傳》所載十戒為「守忠孝、行仁義、不殺、不盜、不淫、不貪、不垢、不嗔、不詎、不傲」。此外還有三戒、五戒、八戒、九戒，乃至百千萬戒，條文紛繁。早期道教傳戒是公開的，魏晉以後改為祕傳，元代丘處機開創新的「十方叢林」制度，恢復公開傳戒，廣收門徒。

【語　譯】師父聽說成吉思皇帝的行宮漸漸西去，覺得自己年事已高，倦於冒風沙遠行，想等皇帝得勝回朝時再去拜見。再有，劉仲祿打算挑選一批美貌姑娘，帶她們與師父結伴同行。師父為難說：「春秋時齊君向魯君贈送歌舞伎，魯君接受了，為此孔子離開魯國。我雖然是山野粗鄙之人，也不肯讓這群姑娘陪伴同行啊！」劉仲祿就命曷刺飛馬向成吉思汗奏報，師父也派人呈上陳情表章。一天，有人拿一幅閻立本的畫作《太上過關圖》，請求在畫後題字，師父題曰：

蜀群西遊之日，函關東別之時。
群胡禮敬太上，大道西域重開。

師父又把所作兩則偈頌拿給眾人看，其中一首為：

從早到晚雜亂無章，從古到今顛倒輕狂。
思空花要用空靜心，不執著實有與空無。

另一首為：

觸情常生分別，非道不能同一。

忍辱調諧心性，安閒度過時光。

四月上旬，眾道徒請求十五月圓之日在天長觀作醮事。師父以即將啟行推辭，眾人愈加努力懇求請說：「現在這裡戰事尚未停息，活下來的人有幸得見丘真人之面，蒙受大道庇護的人太多了。唯獨那些死去的人，在陰暗的漫漫長夜中，靈魂未蒙超度，難免留下怨憤啊。」師父答應他們的請求。當時天正大旱，十四日醮事啟動，天降大雨，眾人擔憂雨太大，醮禮儀式難以進行。師父在午後赴壇主持醮事，突然間雨過天晴。眾人又欣喜又感歎說：「一會兒下雨，一會兒晴天，隨人所願。不是道德高厚之人，能這樣與上天互相感應麼！」第二天，師父登上寶玄堂宣講道教戒律時，有數隻鶴由西北飛過來，眾人都仰天觀看。在焚燒簡書之時，有一燃燒著的紙簡飛向空中後熄滅，並有五隻鶴在其上方盤旋飛舞。士大夫們都認為這是師父至誠之心感動天地所致。南溏有位老先生，姓張名天度，字子真，作賦讚美此事，其他與會諸公也都賦詩讚頌。

二　北行至斡辰營帳

【題解】本章記述出居庸關北上，直至斡辰營帳（在今呼倫湖一帶）這一段路途的經歷和見聞。時間是由庚辰（一二二〇年）四月至辛巳（一二二一年）四月，方向是北向稍偏東，行程不足二千里。辛巳年二月之前的十個月，先是在德興（涿鹿）龍陽觀度夏，又應邀遷居宣德州（宣化市）朝元觀，後又返回龍陽觀過冬。十個月時間只走出二三百里，原因是等待成吉思汗的信息。如果成吉思汗西征順利，班師回朝，或者允許丘處機在燕京或德興等候，也許就不必冒風沙艱險，勞師遠行了。可是，信使曷剌帶回的詔書，勉勵他們繼續西行，以便早日輔助皇帝安撫人心。至此，丘決意西行。辛巳年二月出發，用二個月時間完成北行路程。

全章可分四段。㈠四月下旬由燕京出發，出居庸關，五月至德興度夏。㈡八月，應邀至宣德州，居朝元觀。㈢斡辰派阿里鮮請丘前往。曷剌帶回詔書。丘返龍陽觀過冬，備途中所需。㈣辛巳年二月八日北行。度野狐嶺，過撫州，東北過蓋里泊，出明昌界，過沙漠、沼澤、草原，渡小沙河，四月至斡辰營帳。至此，北行結束，轉入漫漫西行路，「西遊」正式開始。

醮竟，宣使劉公從師北行。道出居庸，夜遇群盜於其北，皆稽顙[1]以退。且曰：「無驚父師。」五月，師至德興龍陽觀度夏。以詩寄燕京士大夫云：

登真❷何在泛靈槎❸，南北東西自有嘉❹。
碧落❺雲峰天景致，滄波海市❻雨生涯❼。
神游八極❽空雖遠，道合三清❾路不差。
弱水❿縱過三十萬，騰身頃刻到仙家。

時京城吾道孫周楚卿⓫、楊彪仲文⓬、師諝才卿、李士謙子進、劉中用之、陳時可秀玉⓭、吳章德明、趙中立正卿、王銳威卿、趙昉德輝⓮、孫錫天錫⓯，此數君子，師寓玉虛日所與唱和者也。王觀逢辰、王直哉清甫，亦與其遊。觀居禪房山之陽，其山多洞府，常有學道修真之士棲⓰焉，師因挈⓱眾以遊。初入峽門有詩云：

入峽清遊分外嘉，群峰列岫⓲戟查牙⓳。
蓬萊未到神仙境，洞府先觀道士家。
松塔倒縣秋雨露，石樓斜照晚雲霞。

卻思舊日終南地⑳，夢斷西山不見涯㉑。

其地爽塏㉒，勢傾東南，一望三百餘里。觀之東數里，平地有湧泉，清冷可愛，師往來其間，有詩云：

午後迎風背日行，遙山極目亂雲橫。
萬家酷暑熏腸熱，一派寒泉入骨清。
北地往來時有信，東皐㉓遊戲俗無爭。耕夫牧豎堤陰讓坐
溪邊浴罷林間坐，散髮披襟暢道情。

中元日㉔，本觀醮。午後傳符授戒㉕，老幼露坐，熱甚，悉苦之。須臾㉖有雲覆其上，狀如圓蓋，移時不散，眾皆喜躍讚歎。又觀中井水可給百眾，至是踰千人，執事者謀他汲。前後三日，井泉忽溢，用之不竭。是皆善緣天助之也。醮後題詩云：

太上弘慈㉗救萬靈㉘，眾生薦福㉙藉群經㉚。
三田㉛保護精神氣㉜，萬象㉝欽崇日月星。

自揣肉身潛有漏㉞，難逃科教㉟入無形。
且遵《北斗》㊱齋儀法㊲，（《南斗》《北斗》皆論齋醮。）漸陟㊳南宮㊴火煉庭㊵。

【注釋】❶稽顙　行跪拜禮，以額觸地。表示極度敬畏之情。顙，額頭。❷登真　成仙得道。❸靈楂　度人成仙的寶船。楂，用竹木編成的筏，指舟船之類。此用靈楂比喻入山拜師學道。❹嘉　美好。指美好境地。❺碧落　天空。❻海市　大氣因光線折射把地面景物反映到空中，顯示出街市、樓閣、車馬、行人等動態景觀。古人不了解這種幻象產生的原因，以為是神祕的海中生物蜃吐氣而成，故稱海市蜃樓。常用於比喻虛幻不實之事物景象。❼雨生涯　雨從那個界域生出。❽神游八極　形體不動而心神至八方極遠之地，或八方之盡頭。八方指東西南北和東南東北西南西北八個方向。❾三清　道教神仙所居之最高仙境，或指天界。分太清境、玉清境、上清境，由三位大神分別主宰。道教修行的最終目標就是升入三清境，得道成仙。❿弱水　古水名。古籍所載，多有不同。《尚書・禹貢》：「導弱水至於合黎，餘波入於流沙。」此指甘肅張掖河。《史記・大宛列傳》：「安息長老傳聞，條枝有弱水、西王母，而未嘗見。」《後漢書・西域傳・大秦國》：「或云其國有弱水流沙，近西王母所居處，幾於日所入也。」等等，多參雜神話傳說，難以確定具體位置，當泛指西方極遠處。東方朔《十洲記》：「鳳麟洲在西海之中央……洲西面有弱水繞之，鴻毛不浮，不可越也。」《元曲選・張生煮海》：「小生曾聞這仙境有弱水三千丈，可怎生去的？」則是用弱水比喻險難重重、難以踰越之障礙。此詩取相隔遙遠、險難重重二義。本詩是寫給燕京士大夫們，為他們指引成仙之捷徑。這些人雖然想成仙，但又放不下錦衣玉食、嬌妻美妾的富裕生活。如何解決這個矛盾呢？就是改變信念。只要改變信念，傾心向道，不管在那裡都能修成正果，不一定非要出家。前二句說成仙不是只有出家一條路，南北東西任何地方都是修道的好去處。三四句如天空有雲峰之景，滄波海市有雨水生出，比喻無處不有造化之功。下二句，修煉元神使其無所不至，雖空虛幽遠，但此道合於成仙之路，不會有差錯。後兩句，達到仙境縱然遙遠、險難，只要信念轉變，即能頃刻到達。⓫孫周楚卿　人名。姓孫名周，字楚卿。下列數人，元耶律楚材《西遊錄》認為「皆端人也」。端人，行為正派之人。⓬楊彪仲文　人名。姓楊名彪，字仲文。曾為金國之吏部尚書。⓭陳時可秀玉　人名。姓陳名時可，字秀玉。燕人，金翰林學士。元時為燕京路課稅所官。⓮趙昉德輝　人名。姓趙名昉，字德輝。金時為太學生，元時為課稅使。⓯孫錫天錫　人名。姓孫名錫，字天錫。燕京士人，曾為本書作序，其序文頗有名，為本書多種版本刊用。⓰棲　居住；隱居。⓱挈　帶領。⓲岫　峰巒；山穴。⓳查牙　同「楂丫」。枝楂歧出之狀。⓴終南地　終南山故地。丘早年曾在此修行。㉑夢斷西山不見涯　夢中被名山洞府隔斷，不見終南山故地之邊際。西山，道教名山福地。位於江西新建西部，名逍遙山。南北走向，綿延百餘里。晉代許遜在此山修道煉丹、著書立說，得道成仙，白日飛升，人稱許真君。後為道教淨明道祖庭，為道教三十六洞天之第十二洞天，七十二福地之第三十八福地。此泛指道教名山洞府。這首詩以寫禪房山景觀為主，兼抒懷舊之情，有實有虛，以寫實為主。先寫遠景，群峰突兀，歧出錯落。再以蓬萊仙境、道士家園比況。再寫近景，松塔倒懸滴露，石牌樓映照晚霞。由景生情，回想舊日終南學道，在夢中被名山阻隔，不見邊際。㉒爽塏　開闊明亮又乾爽。㉓東皋　水東邊耕地。皋，水旁地。此詩描述作者恬淡閒適、樂山樂水的悠然心態。雖在旅途，諸事紛繁，前途艱險重重，仍能觀賞流雲，洗浴寒泉。心懷舊友，遊戲田間。溪邊沐浴，林間暢談。保持道者風範。㉔中元日　農曆七月十五日。道教以這一天為中元節，道觀要作醮祭。㉕傳符授戒　傳授符籙戒律。符，道教用以驅神役鬼、禳妖除邪的祕文。所畫祕文為屈曲作篆籀之字及雲雷之文。道教認為，畫符者必須有至誠向道之心，達於天人合一之境。「以我之精合天地萬物之精，以我之神合天地萬物之神，精精相搏，神神相依，所以假尺寸之紙以號召鬼神。」（《清微元降大法》）如無至誠，全憑朱墨紙筆，則不驗也。籙，亦是道教祕文，記諸天曹官佐屬之名，也就是道教天神名錄。符籙可在道士作法事時焚化，亦可送人佩帶或張貼。戒，指道教的各種戒律。㉖須臾　片刻；一會兒。形容時間很短。㉗弘慈　擴展發揚慈愛之心。㉘萬靈　萬方生靈。泛指一切有生命之物。㉙薦

福　集聚福祉。㉚群經　各種道教經典。道教所說經，是道之綱領，是由上聖神真所演之文，非指一般道教典籍。㉛三田　指上丹田、中丹田、下丹田。上丹田又稱泥丸宮，在兩眉間入內三寸正中之處，為藏神之所。中丹田又稱土釜、黃庭，在心臟下方，為藏氣之所。下丹田又稱華池，在臍後腎前正中向下一寸三分處，為藏精之處。道家修煉內丹，就是通過煉精化氣守下田，煉氣化神守中田，煉神還虛在上田，從而貫通三田，煉形還虛，使元神出竅，而為上仙。㉜精神氣　三詞含義極為寬泛，充滿模糊性和意會性，很難作出準確的概念界定。此處為道教用語，故只從這一層面簡要闡釋。精，為生命之源，分先天之精和後天之精。先天之精又稱元精，是靜止無形的，不生不滅的。元精靜極而動，動而生出有形的後天之精，並由之化育出生命體。元王惟一《道法心傳》：「夫精者，乃先天之元精，為萬物之母，得之則生，失之則死。」神，一般指精神、意識或神仙、神奇，及其衍生義。指腦之精深細微的物質結構及腦意識思維活動。分與生俱來的元神和有生命形體後的精神意識、感覺功能。元神居上丹田泥丸宮，先於生命體存在。「父母媾精之後，一點靈光……從太虛中來者，我之元神也。由是而氣，由是而形。」（《性命圭旨全書》）氣，構成生命活動的基本物質。又分先天之氣和後天之氣。先天之氣又稱元氣、祖氣、真氣，亦指經過煉精化氣的修煉，達到精氣合一之氣。它稟受自先天，藏於腎及命門（右腎。左腎稱腎，右腎稱命門）中，必須經受後天精氣的不斷滋養，才能不斷發揮作用。道教常以炁代表先天之氣，以示與後天之氣的區別。後天之氣主要指呼吸之氣及飲食水和穀物所化生的精微之氣。元精、元神、元氣都是先天的，永存的，是修煉內丹之藥。㉝萬象　自然界的一切事物景象。㉞有漏　為染汙煩惱所充塞。源自佛家語，漏指染汙、煩惱。㉟科教　道教齋醮儀典之程式規範、條文教命。既是作法事的規則，也是修煉的內容、方法和守則。㊱北斗　書名。指《北斗齋醮科儀法》，一部講齋醮科儀的典籍。㊲齋儀法　齋法。道士行持齋戒的方法。㊳陟　升；登上。㊴南宮　仙宮名，猶言火府。是度魂煉魄，使人獲得長生之宮。《度人經集注》齊嚴東：「南宮者，長生之宮也。度命君治在其中，諱吁員。得入南宮之中，吁員即煉度朽骸。」即在此宮煉化形體，使靈魂升入仙境。㊵火煉庭　指南宮。因在南宮煉化形骸，故稱火煉庭。本詩是講道教修煉過程的。先要憑藉太上救度眾生的群經。接著要像萬物崇敬日月星那樣修煉精神氣。要知己之肉身潛藏染汙煩惱，必經科條教命才能把有形煉成無形。且遵照《北斗經》和行持齋戒的方法，漸漸升入南宮，化形還虛，升入仙界。

【語　譯】醮祭舉行完畢，劉宣使隨同師父一道向北行進。出了居庸關，夜裡在關北碰上一群強盜，他們都對師父跪拜叩頭後退走。還說：「不要驚擾了父師。」五月，師父一行人到達德興之龍陽觀度夏。作詩給燕京的士大夫們，詩曰：

成仙何須拜師出家，南北東西自有嘉境。
天空中有雲峰之景，滄波海市有雨生出。
神遊八極空虛幽遠，道通仙境無有差錯。
越過弱水三十萬條，頃刻飛身到達仙家。

當時燕京同道中人有孫周楚卿、楊彪仲文、師諝才卿、李士謙子進、劉中用之、陳時可秀玉、吳章德明、趙中立正卿、王銳威卿、趙昉德輝、孫錫天錫，這數位先生，師父寓居燕京玉虛觀時，曾一道賦詩聯句，相互唱和。還有王覯逢辰、王直哉清甫，也一道陪同師父遊覽。龍陽觀建在禪房山的南坡，此山有很多山洞，常有學道修真之人在裡面居住，為此師父帶領大家一同遊覽參觀。剛進入山峽口，師父就賦詩一首：

進山閒遊實在美妙，群峰錯落楂丫歧出。
居蓬萊未至神仙境，來洞府先觀道士家。
松塔倒掛秋露欲滴，石樓斜映晚霞之光。

回思舊日終南學道，夢隔西山不見邊際。

龍陽觀地開闊乾爽，地勢向東南方向傾斜，可以望出去三百多里。觀之東側數里處，平地上有一眼湧泉，泉水清涼可愛，師父常在道觀與湧泉間往來漫步，作詩曰：

午後頂風背日漫步，極目遠山亂雲橫空。
萬家經受酷暑煎熬，一股泉水入骨清涼。
往來北地時有音信，田邊遊戲與俗無爭。（農夫牧童在堤畔蔭涼處相互讓坐）
浴後溪邊林間閒坐，散髮披衣暢敘道情。

農曆七月十五日中元節，龍陽觀舉行醮祭。午後，傳授符籙戒律，不論老幼都坐在露天裡，酷熱難當，人人疲苦不堪。片刻之間，有一片雲遮在眾人頭上，形狀如圓形車蓋，長時間不飄散，眾人都欣喜跳躍，讚歎不已。再有，觀中井水原來只夠百人飲用，至此時觀中人數已超過千人，管事之人商議準備去別處取水。可是在舉行醮祭的前後三天時間內，井泉之水忽然溢滿，取用不竭。這些都是因為廣結善緣得上天之佑助啊。醮祭之後，師父題詩曰：

太上弘慈心救助萬靈，眾生集福憑藉群經。
保護三田修煉精神氣，如萬物尊崇日月星。
自知肉身潛藏煩惱，必經科教修煉至無形。
且遵照《北斗》齋儀法，（《南斗》《北斗》都是論述齋醮之法的）漸登南宮受烈火磨煉。

八月初，應宣德❶州元帥移剌公❷請，遂居朝元觀。中秋夜，有〈賀聖朝〉❸二曲，其一云：

斷雲歸岫❹，長空凝翠❺，寶鑑❻初圓。大光明，弘照亘流沙外❼，直過西天❽。

人間是處，夢魂沉醉，歌舞華筵。道家門，別是一般清朗，開悟心田❾。

其二云：

洞天❿深處，良朋高會，逸興無邊。上丹霄⓫，飛至廣寒宮⓬，悄擲下金錢。

靈虛⓭晃耀，睡魔⓮奔迸，玉兔嬋娟⓯。坐忘機⓰，觀透本來真性，法界⓱周旋。

是後天氣清肅⓲，靜夜安閑，復作二絕⓳云：

長河耿耿⓴夜深深，寂寞寒窗萬慮沉。
天下是非俱不到㉑，安閑一片道人心。

其二云：

清夜沉沉月向高，山河大地絕纖毫㉒。
唯餘道德渾淪性㉓，上下三天㉔一萬遭。

朝元觀據州之乾隅㉕。功德主㉖元帥移剌公因師欲北行，創構堂殿，奉安尊像㉗。前後雲房㉘洞室㉙，皆一新之。十月間，方繪祖師堂㉚壁，畫史以其寒，將止之。師不許曰：「鄒律尚且迴春㉛，況聖賢陰有所扶持邪！」是月，果天氣溫和如春，絕無風沙，由是畫史得畢其功。有詩云：

季秋㉜邊朔㉝苦寒同，走石吹沙振大風。
旅雁翅垂南去急，行人心倦北征窮㉞。
我來十月霜猶薄，人訝千山水尚通。
不是小春和氣暖，天教成就畫堂功。

【注釋】❶宣德　地名。即今河北宣化。❷移剌公　移剌即耶律。用漢字標音，稍有不同，源本為一。公，古時對男子之尊稱，與今稱先生意近。耶律為遼國之大姓，《遼史》俱作耶律，《金史》初作耶律，後改作移剌，元時則二者互見。此移剌公當指耶律禿花，為耶律阿海之弟。元太祖時封為太傅，曾任宣德路長官。《元史・耶律阿海傳》有其零星記載，駐宣德路事失載。❸賀聖朝　唐教坊曲名。其結構為四十七字，上片五句，三仄韻；下片六句，兩仄韻。另有四十八字、四十九字各體，句式有出入。此種曲牌之詞作不多見。此處二首皆五十字，上下片皆二十五字，亦屬變體。❹斷雲歸岫　片斷雲朵飄向山谷。岫，山谷；山洞。❺凝翠　深藍色。翠本為青綠色，再厚重一些，則為深藍色。❻寶鑑　寶鏡，比喻滿月。❼亘流沙外　綿延至大漠流沙之外。亘，綿延。流沙外，泛指沙漠以外的遼遠地域。流沙，沙漠。因沙常被風吹而流動，故稱。❽西天　佛教徒稱佛祖釋迦所居之地，古稱天竺，即今之印度。❾心田　即指心。古人以為心可以產生出善惡等不同思想苗頭，如同田地可以生出植物幼苗一樣，故比作心田。此曲分上下兩片，上片寫景。仰望長空，片斷雲朵飄向山谷，天空一片湛藍，一輪明月升起。巨大的光輝綿延至流沙以外，直過西天佛土。下片抒情，由月光普照大地，想到人間一切地方，都沉迷在歌舞和盛宴的享樂中。只有道家門內，另有一番清靜開朗世界，可以破除心之迷執而領悟大道。❿洞天　道教稱神仙居住的洞府為洞天，謂洞中別有天地之意。道教有十大洞天、三十六洞天等說法。《雲笈七籤》二七〈十大洞天〉：「十大洞天者，處大地名山之間，是上天遣群仙統治之所。」⓫丹霄　天空。⓬廣寒宮　月中仙宮名，虛擬之地。最早見於《洞冥記》：「冬至後，月養魄於廣寒宮。」此書舊題東漢郭憲撰，實為六朝時人偽託。唐代有唐明皇夢遊月宮傳說，遂以為月中仙宮而廣為流傳。⓭靈虛　元神之類與生俱來可以洞察一切的精神本體。它「空空洞洞，至虛至明，乃吾人生生主宰。真所謂有之則生，無之則死，生死盛衰，皆由這個。」（《性命圭旨》）⓮睡魔　催人睡眠之魔。比喻人疲乏時急欲睡眠休息，好像被魔力催促一般，故稱睡魔。實際上這是一種生理上的自我保護機制，對人有益。全真教提倡禁欲苦行，認為睡眠會妨礙人的修煉，故視為魔。《秋澗先生文集》五六〈尹公道行碑〉載：「師（指丘處機）誨人曰：『修行之害，食睡色三欲為重。多食即多睡，睡多情欲所由生。人莫不知，少能行之者，必欲制之先減睡。』」⓯玉兔嬋娟　傳說月宮中有玉兔，司搗藥。有仙女，名嬋娟。⓰忘機　忘卻計謀巧詐，與世無爭，使心恬淡無欲。⓱法界　本為佛教用語，指諸法之差別、分界。法指一切事物，包括物質的和精神的，現象的和本體的。用於指稱本體時，其義與真如、法性等相近。道教借用此概念，涵義與佛教相近。本曲描述得道者在現象界和本體界間隨意往返，精神獲得解脫的逍遙狀態。上片寫現象界，一群得道仙人在洞府深處聚會，清閒脫俗的興致恣意無限。於是就飛上高天，到達月亮上的廣寒宮，悄悄從那裡拋下金錢。下片寫本體界，亦即精神界。洞察一切的元神閃耀著光輝，睡魔逃走了，連同玉兔嬋娟。坐下來忘卻一切欺詐紛爭，歸心恬淡，透視出自我的本來真性，與法界偕同周旋。⑱清肅　清澈靜謐。⑲絕　絕句。詩體名，亦稱截句、斷句。以五言、七言為主，每首四句。唐代絕句為近體，平仄押韻有一定限制，唐以前絕句雖押韻，平仄較自由。⑳耿耿　微明。㉑不到　不入己心。二首七絕都是靜夜抒懷之作。第一首意為，夜已很深，面對泛著微光的銀河和寂寞的寒窗，一切思緒俱已沉寂。天下之是非俱不得侵入，保持一片安靜閒適的道者之心。㉒絕纖毫　沒有一點吵雜喧鬧聲。絕，無；沒有。纖毫，極端細微。此用以形容細微聲音。㉓渾淪性　與天地萬物渾一未分之性。渾淪，形容天地未分前元氣呈現的有質無形的渾沌狀態。《列子・天瑞》：「太初者，氣之始也。太始者，形之始也。……氣形質具而未分離，故曰渾淪。」㉔三天　道教神仙所居之處。即大赤天、禹餘天、清微天。此詩亦抒懷之作。大意為在清涼的深夜裡，明月高懸，山河大地一片靜寂。惟有與天地萬物渾一的道德本性，在三天間頻繁往來。㉕乾隅　西北角。乾指八卦中之乾卦。按八卦方位圖，乾在西北方。㉖功德主　指功業與德行俱高之人。與佛教之施主同義。㉗奉安尊像　安放供奉道教諸神之像。㉘雲房　僧道或隱者所居之室。或指高處之居室，以雲為伴，故名雲房。《仙傳拾遺》：「木公居雲房，以紫雲為蓋，青雲為城。」㉙洞室　互相接連相通之室。㉚祖師堂　供奉道教祖師神像的殿堂。道教宗派繁多，各派所供奉之祖亦不同。北京白雲觀供丘處機，武當山紫霄宮供真武大帝。㉛鄒律尚且迴春　鄒衍尚且能夠吹竹管使大地回春轉暖。鄒律即指鄒衍。戰國末年齊國臨淄人，深通陰陽消息之說，提出時世盛衰興亡皆隨金木水火土五行為轉移的五德始終說。有關鄒衍吹律事見《列子・湯問》：「鄒衍之吹律亡以加之。」張湛注曰：「北方有地美而寒，不生五穀，鄒子吹律暖之而禾黍滋也。」律，用竹管或金屬製作的定音或候氣之具，此指用竹管製作的樂器。㉜季秋　秋季的最後一個月，即九月。㉝邊朔　北方邊境之地。㉞北征窮　向北鄙遠行之人已經沒有了。窮，盡；止。此詩宣揚道者之願心得上天佑助。前四句寫北方邊鄙惡劣的氣候，嚴寒，大風，飛沙走石，大雁急急南飛，向北之行人已斷絕。下四句寫今年十月由於我的到來，氣候變暖，只出現薄霜，人們驚訝山溪竟未結凍。有此溫暖如春的天氣，是上天成就壁畫之工程。

【語譯】八月初，應宣德州元帥移剌公的邀請，師父一行人移至朝元觀居住。中秋節的夜裡，師父創作〈賀聖朝〉曲二首，其一為：

斷雲歸山谷，長空一片湛藍，明月初圓。大光明，照射到流沙外，直過西天。　人間到處，沉醉於歌舞華筵迷夢中。只有道家，清靜開朗，使心田開悟。

第二首為：

洞府深處，群仙聚會，興致無局限。上高天，飛至廣寒宮，悄擲下金錢。　元神輝映，睡魔逃去，連同玉兔嬋娟。安坐忘機，透視自我真性，與法界周旋。

此後數日，天空清澈靜謐，靜夜裡師父心定神閒，又作絕句二首：

銀河微明夜靜更深，寂對寒窗萬慮消沉。
天下是非俱不侵入，惟有安閒道者之心。

其二為：

清涼深夜明月高懸，山河大地一片沉寂。
唯餘道德渾淪本性，頻繁往來三天界間。

朝元觀位於宣德州城的西北角。施主移剌元帥因為師父要北行面君，為表示對師父的敬重，命人創建殿堂，安放供奉道教諸神的神像。把前後雲房、洞室都修飾一新。十月間，正在繪製祖師堂壁畫，畫師因為天氣寒冷，無法繼續進行，將要停止下來。師父不同意說：「鄒衍吹律管尚且可以使天氣回春轉暖，何況我們有聖賢在暗中扶助啊！」這個月果然天氣溫暖如春，一點風沙也沒有，因此畫師得以完成壁畫製作。師父又作詩記其事，詩曰：

秋末北鄙皆為寒苦，大風起處走石飛沙。
大雁展翅急速南飛，北行征人已經斷絕。
我來十月只見薄霜，人驚山溪還在流淌。
不是天氣溫暖如春，是上天成就畫堂功。

尋阿里鮮❶至自斡辰大王❷帳下，使來請師。繼而宣撫王公巨川亦至，曰：「承大王鈞旨❸，如師西行，請過我。」師首肯之。是月北遊望山❹。曷刺進表迴❺，有詔曰：「成吉思皇帝勑真人丘師。」又曰：「惟師道踰三子❻，德重多方。」其終曰：「雲軒❼既發於蓬萊，鶴馭❽可遊於天竺。達摩東邁❾，元印法以傳心❿；老氏西行，或化胡而成道⓫。顧⓬川途之雖闊，瞻几杖以非遙⓭。爰⓮答來章，可明朕意。秋暑，師比⓯

平安好，指不多及。」其見重如此。又勅劉仲祿云：「無使真人飢且勞，可扶持緩緩來。」師與宣使議曰：「前去已寒，沙路緜遠[16]，道眾所須未備。可往龍陽，乘春起發。」宣使從之。

十八日，南往龍陽。道友送別多泣下。師以詩示眾云：

生前暫別猶然可[17]，死後長離更不堪。
天下是非心不定，輪迴生死[18]苦難甘。

翌日，到龍陽觀過冬。十一月十有四日，赴龍巖寺齋[19]。以詩題殿西廡[20]云：

杖藜[21]欲訪山中客，空山沉沉淡無色。
夜來飛雪滿巖阿[22]，今日山光映天白。
天高日下松風清，神遊八極騰虛明[23]。
欲寫山家本來面，道人活計無能名[24]。

十二月，以詩寄燕京道友云：

此行真不易，此別話應長。
北踰野狐嶺㉕，西窮天馬鄉㉖。
陰山㉗無海市，白草有沙場㉘。
自嘆非玄聖㉙，何如歷大荒㉚。

又云：

京都若有餞行詩，早寄龍陽出塞時。
昔有上林鞋履別㉛，今無發軫㉜夢魂思。

復寄燕京道友云：

十年兵火萬民愁，千萬㉝中無一二留。
去歲幸逢慈詔下，今春須合冒寒遊。
不辭嶺北三千里，皇帝舊兀里多。㉞仍念山東二百州。
窮急漏誅殘喘在㉟，早教身命得消憂。

辛巳㊱之上元，醮於宣德州朝元觀。以頌㊲示眾云：

生下一團腥臭物❸❽，種成三界❸❾是非魔。
連枝帶葉無窮勢，跨古騰今不柰何。

【注釋】❶阿里鮮　人名。從行宣差之一，後面卷又稱「通事」，當是兼作翻譯官員。❷斡辰大王　成吉思汗四弟。《元史》作「斡赤斤」，《元朝祕史》作「斡惕赤斤」。成吉思汗西征時，命其「居守」。斡辰之封地在蒙古國東北，額爾古納河一帶。❸鈞旨　意旨。鈞為對尊者表敬重之辭，常用於口信或書札，如鈞旨、鈞安之類。此指斡辰派阿里鮮邀請丘師之口信或信函。❹望山　山名。在河北宣化東北，今名煙筒山。❺曷剌進表迴　曷剌向成吉思汗呈送奏表返回。曷剌於丙辰年（一二二〇年）三月奉命出發，丘亦同時派人送去表章，十月返回，帶回成吉思汗的詔書，勉勵他們繼續前行。❻道踰三子　道行高深超過三位師兄。三子，指丘處機的三位師兄，丹陽子馬鈺、長真子譚處端、長生子劉處玄，他們都對全真教的發展有重要貢獻。詔書中「道踰三子」是針對丘處機奏表中「同時四人出家，三人得道，惟處機虛得其名」一段話而發的。❼雲軒　雲車。神仙們乘坐能在雲中飛行之車。軒，一種曲轅有轓蓋的車，為諸侯、卿大夫所乘坐。❽鶴馭　乘鶴飛行。❾達摩東邁　達摩東來。達摩（?～五二八或五三六年），即菩提達摩。相傳為南天竺（一說波斯）高僧，屬婆羅門種姓（一說刹帝利）。本為香至王第三子。出家後修行大乘佛法，為西土禪宗二十八祖。南朝宋末航海至廣州，梁武帝將其迎至建業（南京），與談佛法，不相契合，乃渡江入北魏，止於嵩山少林寺，傳禪法，修壁觀，慧可等師事之，得其傳。後付法與衣缽予慧可，並傳授《楞伽經》，奠定中國禪宗的理論和方法。圓寂後葬於熊耳山定林寺。後被奉為中國禪宗之初祖。❿元印法以傳心　依據佛法實義以心傳心。元，通「緣」。同聲假借也。依據；憑藉。印法，佛所認可認定之佛法實義，佛之心印也。禪宗倡導不立文字、不依言語，直接以心傳心，稱為「教外別傳」，為傳播佛法的另一途徑。⓫化胡而成道　教化西域胡人信奉道教。胡，胡人，泛指中國古代居住在西北邊鄙之地的居民。⑫顧　視；念。⑬瞻几杖以非遙　看看几杖又不覺遙遠。因為憑藉几杖，堅持走下去，再遠的路也會留在腳下。瞻，看。几杖，供走路扶持的手仗。⑭爰　句首助詞，無義，用以補足音節，並起強調作用。⑮比和樂。⑯緜遠　遙遠。緜為綿之本字，有延續義。綿遠，形容沙路將延續很長很遠。⑰猶然可　尚且可以忍受。猶然，尚且，表示語氣舒緩。⑱輪迴生死　在六道中生生死死，循環不已，經受無窮苦難，不得解脫。輪迴，源自佛教。佛教提出眾生要在天、人、阿修羅、地獄、餓鬼、畜牲六道中循環流轉，經受苦難，只有皈依佛法，才能解脫，永登極樂。道教用此語，意思相近。這首送別詩，旨在勸人時不我待，趕快向道。前兩句說生前暫別還可承受，死後長別更加苦不堪言。活著時受天下是非擾亂不能一心向道，死後墜入輪迴有苦無甜，悔之已晚。⑲齋　古人在祭祀或舉行典禮前清心淨身，以示莊敬。或供僧道之素食。此處當為後義。⑳廡　殿堂下之走廊、廊屋。㉑杖藜　拄著藜杖。藜，草名，其老莖可作拄杖。或泛指粗糙的拄杖。㉒巖阿　山間曲折低窪處。㉓虛明　廣大空虛而明淨的天宇。㉔道人活計無能名　道人之技藝不能把它表現出來。道人，丘自稱。活計，技藝。名，解說表達。此詩以山景之變幻，喻人生之無常。詩人拄杖入山訪客，深沉寂靜的空山毫無光彩。夜裡一場大雪落滿山阿，今日山光映天，一片潔白。高天下松風清洌，令我神遊八極騰飛天宇。想寫出山家的本來面目，憑道人我的技藝不能辦到。㉕野狐嶺　山嶺名，在今河北萬全東北。山勢高峻，風力猛烈，雁飛過此，遇風則墮。為軍事要地。《元史・木華黎傳》載：「歲壬申（一二一二年），進圍撫州，金兵四十萬陳野狐嶺北。木華黎……率敢死策馬橫戈大呼陷陣，帝麾諸軍並進，大敗金兵。追至澮河，殭尸百里。」又名扼胡嶺。張德輝《塞北紀行》載：「扼胡嶺下有驛口曰孛落，自是以北諸驛皆蒙古部族所分主也，每驛各以主者之名名之。由嶺而上則東北行，始見毳幕旃車逐水草畜牧，非復中原風土。」㉖天馬鄉　出產天馬的地方。天馬，駿馬名。據《史記・大宛列傳》載，西域之烏孫產好馬，稱天馬。又稱大宛之汗血馬為天馬。天馬鄉即泛指西域這些產寶馬之地。㉗陰山　本書之陰山皆指新疆境內之天山。㉘白草有沙場　滿是枯草的荒原上有流血廝殺的戰場。白草，枯草敗草。沙場，戰場。㉙玄聖　認識體悟至真之道的大聖人。指老子。玄又作元。元，大也。元聖，大聖人。㉚大荒　泛指遼闊無際的荒野，或極邊遠人跡罕至的蠻荒之地。此詩對道友抒發離別之感歎。前二句引出話別之思，接下四句預想前路之艱難凶險，野狐嶺、天馬鄉、陰山、荒原，言之令人生畏。末二句概歎自非大聖人，如何經歷這蠻荒之旅啊。有慨歎，但無退縮。㉛鞋履別　上床前和鞋子告別，表示重情義。古人有類似典故，如元代馬東籬之〈風入松〉詞：「晚來清鏡添白髮，上床與鞋履相辭。」㉜發軫　出發。此詩期盼道友寄詩道別。前二句意明，後二句是說，古人上床還要和鞋子道別，我現在要出發遠行，你們有沒有在夢中想到我呀。㉝千萬　成千上萬。㉞兀里多　蒙語音譯，又作窩里朵，意譯為行宮。㉟窮急漏誅殘喘在　遺漏誅殺窮困已極的百姓，還苟延殘喘的活著。本詩揭示西行宗旨在為民請命，以解其倒懸之苦。前四句寫西行的大背景，十年戰亂，平民死亡殆盡，在此背景下，奉詔西行。後四句說，不辭天寒路遠而西行，只因心中懷念山東二百州之民眾，讓那些大難不死者早些解憂。㊱辛巳　一二二一年，元太祖十六年，南宋寧宗嘉定十四年，金宣宗興定五年。㊲頌　一種文體名。《文心雕龍．頌贊》：「原夫頌惟典雅，辭必清鑠，敷寫似賦，而不入華侈之區；敬慎如銘，而異乎規戒之域。」道教典籍中以頌為體者甚多，四言、五言、七言皆有。㊳一團腥臭物　比喻腹中胎兒。㊴三界　道教三界有多重涵義。以時間言，指無極界、太極界、現世界。以空間言，指天界、地界、水界；或天界、地界、人間。亦指欲界、色界、無色界，但與佛教說不盡相同。又指修持煉養中要超越的三大障礙。《長生詮經》：「欲界、色界、無色界，此三界也。心忘念慮即超欲界，心忘緣境即超色界，心不狀空即超無色界。」道教還把仙分為二十八重，下六重為欲界，七至二十四重為色界，二十五至二十八重為無色界。此頌大意是，人生下來就種下三界是非根源，且枝葉繁茂，長勢無窮，跨越古今，人們對它毫無辦法。只有皈依大道，才能從無窮煩惱中獲得解脫。

【語　譯】不久，阿里鮮從斡辰大王營帳歸來，是斡辰派他來邀請師父的。隨後宣撫使王巨川也來了，他說：「承蒙斡辰大王邀請鈞旨在前，我也可以接著邀請，以後師父西行，敬請光臨我處。」

師父點頭答應了。這個月，師父遊覽了城北的望山。向成吉思汗呈送奏表的曷刺返回，還帶來皇帝的詔書，詔書上說：「成吉思皇帝敕命真人丘師父。」又說：「惟有師父道行高深，超過三位師兄，高尚品德也為四方敬重。」詔書結尾說：「師父的雲車既然已經從蓬萊出發，駕鶴飛翔即可遨遊於天竺。達摩東來，依據佛法實義以心傳心；老子西去，或能教化西域胡人信奉道教。望途程雖遼闊無邊，看手中几杖又覺得不是遙遠難及。回答您的來函中，可明朕之心意。秋暑時節，望師父和樂安好，不再多言。」信中表現對師父的敬重就是這樣。又敕命劉仲祿說：「不要使師父飢餓勞累，可扶持他緩緩而來。」師父與劉宣使商議說：「愈往前走，天氣愈寒，沙漠之路綿延遙遠，隨行道眾所需用品尚未齊備。可前往德興龍陽觀暫住，待明春出發。」劉宣使同意了。

農曆十月十八日，向南去往德興龍陽觀。道友們多灑淚送別。師父以詩示眾人，詩曰：

生前暫別尚可忍受，死後長離更為不堪。
是非擾亂心不專一，陷入輪迴有苦無甜。

第二天，到達龍陽觀，在那裡過冬。十一月十四日，赴龍巖寺用齋。師父在殿下走廊壁上題詩曰：

拄杖尋訪山中尊客，空山沉寂平淡無光。
夜裡飛雪落滿山窪，今日山光映天潔白。
高天之下松風清洌，神遊八極騰飛天宇。
想寫山家本來面目，道人技藝難以表達。

十二月，以詩寄給燕京道友們，詩曰：

此行真是不易，此別話須長談。

向北越過野狐嶺，向西窮盡天馬鄉。
陰山深處無海市，枯草荒原有戰場。
自嘆難比大聖人，如何經歷蠻荒鄉。

又有詩曰：

京都如有送行之詩，出發前早寄到龍陽。
前人上床與鞋相別，我今遠行何入夢牽。

又有寄燕京道友詩云：

十年戰亂萬民哀愁，成千上萬人一二留。
去年幸逢慈詔頒下，今春必須冒寒西遊。
嶺北三千不辭遙遠，（「嶺北三千里」接成吉思汗所定和林舊行宮所在地）山東萬民繫念心頭。
窮極漏誅之民猶在，早教他們解除心憂。

辛巳年（一二二一年）的正月十五日上元節，在宣德州之朝元觀舉行醮祭。師父作了一篇頌詩給大家看，詩曰：

生下一團腥臭之物，種下三界是非心魔。
它枝繁葉茂長勢旺，古人今人不能奈何。

以二月八日啟行。時天氣晴霽❶，道友餞行於西郊，遮馬首❷以泣曰：「父師去萬里外，何時復獲瞻禮❸？」師曰：「但若輩❹道心堅固，會有日矣。」眾復泣請：「果何時邪？」師曰：「行止非人所能為也，兼遠涉異域，其道合與不合，未可必也。」眾曰：「師豈不知，願預告弟子等。」度不獲已❺，乃重言曰：「三載歸，三載歸。」

十日，宿翠帡口❻。明日，北度野狐嶺，登高南望，俯視太行諸山，晴嵐❼可愛。北顧但寒沙衰草，中原之風自此隔絕矣。道人之心，無適不可❽。宋德方❾輩指戰場白骨曰：「我歸當薦以金籙❿，此亦余北行中一端因緣⓫耳。」北過撫州⓬。十五日，東北過蓋里泊⓭。盡丘垤鹹鹵地⓮，始見人煙二十餘家。南有鹽池，迤邐⓯東北去。自此無河，多鑿沙井⓰以汲。南北數千里亦無大山。馬行五日，出明昌界⓱。以詩紀實云：

坡陁⓲折疊路彎環，到處鹽塲死水灣。
盡日不逢人過往，經年時有馬迴還。

地無木植唯荒草，天產丘陵沒大山。
五穀不成資乳酪，皮裘氈帳亦開顏。

又行六七日，忽入大沙陀⑲。其磧⑳有矮榆㉑，大者合抱。東北行千里外，無沙處絕無樹木。三月朔，出沙陀，至魚兒濼㉒，始有人煙聚落㉓，多以耕釣為業。時已清明，春色渺然㉔，凝冰未泮㉕。有詩云：

北陸祁寒㉖自古稱，沙陀三月尚凝冰。
更尋若士為黃鵠㉗，要識修鯤化大鵬㉘。
蘇武㉙北遷愁欲死，李陵㉚南望去無憑。
我今返學盧敖㉛志，六合窮觀最上乘㉜。

三月五日，起之東北，四旁遠有人煙，皆黑車白帳㉝，隨水草放牧。盡原隰㉞之地，無復寸木，四望唯黃雲㉟白草。行不改途。又二十餘日，方見一沙河㊱，西北流入陸局河㊲。水濡馬腹，傍多叢柳。渡河北行三日，入小沙陀。四月朔，至斡辰大王帳㊳下，冰始泮，草微萌矣。時有婚嫁之會，五百里內首領，皆載馬湩[39]助之。皂車氈帳，成列數千。七日見大王，問以延生事，師謂須齋戒而後可聞。約以望日授受。至日，雪大作，遂已。大王復曰：「上遣使萬里請師問道，我曷敢先焉！」且諭阿里鮮：「見畢東還，須奉師過此。」十七日，大王以牛馬百數，車十乘送行。

【注釋】❶晴霽　晴朗無雲。霽，雨後空中潔淨無雲。❷遮馬首　攔住馬頭，阻擋前行。遮，攔阻。❸瞻禮　瞻仰禮拜。❹若輩　你們這些人。為尊長稱謂下輩人的口氣。❺度不獲已　估計不會使他們終止提問。度，猜測估計。已，停止。指滿足前面解答而停止追問。❻翠帡口　地名。為河北張家口西翠屏山之山口。沈子敦《金山以東釋》載：「《（讀史）方輿紀要》翠屏山在萬全右衛北三里，兩峽高百餘丈，望之如屏。宋嘉定四年（一二一一年），蒙古敗金將胡沙虎於翠屏山，遂取西京。即《（長春真人西遊）記》之翠帡口矣。」萬全與張家口相鄰，所指當為一地。❼晴嵐　晴空下群峰間薄霧飄渺之態。❽無適不可　無論去往那裡，都沒有不可。❾宋德方　（一一八三～一二四七年）元代道士，字廣道，號披雲。萊州掖城（今山東掖縣）人。先後師事劉處玄、丘處機，隨丘西遊，謁見元太祖。返回後任教門提點，遵丘遺志，廣搜各地道教經書，在山西平陽玄都觀與李志常、弟子秦志安刻道藏，歷時八年，刊成《玄都寶藏》七千八百餘卷，賜號玄都至道真人，著有《樂全前後二集》。方又作芳。❿薦以金籙　舉辦金籙道場，追祭超度這裡的孤魂。金籙，道教齋醮科儀名，亦稱黃籙。《海瓊白真人語錄》卷二〈鶴林法語〉載：「黃者為眾色之宗，籙者為萬真之符。此言黃中理氣，總御萬真，出幽入明，濟生度死。籙者亦錄之義，錄鬼神籍耳。」即通過金籙道場，可使鬼魂出幽入明，登錄神籍，得到超度。⓫一端因緣　一方面機緣。一端，一方面。因緣，修好積德作善事之機會、緣分。⓬撫州　地名。金置，元改興和路，在今內蒙古自治區興和縣境。⓭蓋里泊　《金史・地理志》撫州豐利縣「有蓋里泊」。據張星烺注，「即今之克勒湖」。其地當在當時寶昌州治所之東，西臨狗泊，東北為察罕腦兒行宮。⓮丘垤鹹鹵地　小山丘和鹽鹼地。⓯池邐　連綿曲折。⓰沙井　在沙漠地挖掘之水井。其方法是隨挖隨下柳條編製的井圈，以防止沙土塌下，待出水後再下陶製井圈固定。⓱明昌界　金國西北邊境之界壕。金在西北部近邊境一帶修建無數城堡，城堡間用塹壕邊牆連接，而成界壕，用以阻擋外敵入侵。金大定、明昌時期，又加修治，完成於明昌時期（一一九〇～一一九六年）。稱明昌界，或出於此。但塹壕易為大雪風沙所堙塞，而失去防禦作用。此次用增修城堡、加派戍卒以補救之。《塞北紀行》：「昌州之北行百里，有故壘隱然，連亘山谷。南有小廢城，問之居者，云此前朝所築障堡也。」王惲《秋澗先生文集・中堂紀事》：「新桓州西南十里外，南北界壕尚宛然也。」所見正與此同。⓲坡陁　不平坦。此詩為直述見聞的紀實之作。道路高低不平，曲曲折折，到處是鹽場和死水潭。整天看不見過往行人，終年只有馬群往返。地面無樹木只有荒草，只有小丘陵沒有大山。五穀不能成熟靠乳酪為生，穿皮裘住氈帳也覺開心。⓳沙陁　沙漠。⓴磧　沙石灘。㉑矮榆　一種耐乾旱鹽鹼又速生的樹種。有人以為指胡楊，或是之。此樹種在我國新疆南部、甘肅、內蒙等地均有生長。《塞北紀行》對這片沙漠之地貌特徵和樹種記敘說：「無塊石寸壤，遠而望之，若岡嶺邱阜，既至則皆積沙也。所宜之木榆柳而已，又皆樗散而叢生。」與本篇所記大致相合。㉒魚兒濼　湖泊名，即今之達來諾爾湖，在內蒙古克什克騰旗之西。一二一四年六月，成吉思汗曾在此避暑。《塞北紀行》載：「（魚兒）泊有二焉，周廣百餘里，中有陸道，達於南北岸。泊之東涯有公主離宮。」一八七一年，俄國人普舌瓦爾斯基曾到此，他記載說，此湖「為蒙古東南巨浸，狀如扁橢圓形。其軸由東北向西南，周圍四十英里（約合六十五公里），高出海面四千二百英尺。氣候嚴寒。」又據《蒙古游牧記》載：「達里諾爾產魚最盛……所產滑子魚，每三四月間自達里諾爾溯流而進，填塞河渠，殆無空隙，人馬皆不能渡。」

㉓聚落　人群聚居之村落。㉔渺然　遙遠，不見一點影像。㉕泮　融解散開。㉖祁寒　嚴寒。㉗若士為黃鵠　若士變成黃鵠。若士，虛擬人名，用以稱謂得道之高士，《莊子》書中多有此類名字，如齧缺、王倪、被衣、無為謂等等。黃鵠，黃天鵝。傳說能「一舉千里」，比白天鵝更少見，亦更有仙氣。若士為黃鵠故事見於《淮南子·道應》。大意是秦時方士盧敖遊北海，在蒙穀之山上遇見一位長相奇特的怪人，正在迎風起舞，見盧敖來就逃往石碑後面，蹲在龜背上吃海蚌。盧與之交談，知為得道高人，而自愧不如。感歎說：「吾比夫子，猶黃鵠與壤虫也。終日行而不離咫尺，而自以為遠，豈不悲哉！」㉘修鯤化大鵬　長鯤化為大鵬鳥。語出《莊子·逍遙遊》：「北冥有魚，其名為鯤。鯤之大，不知其幾千里也。化而為鳥，其名為鵬。鵬之背，不知其幾千里也。怒而飛，其翼若垂天之雲。」鯤，小魚；魚子。莊子以小作大，寓有萬物齊一、抹滅差別的相對主義思想。㉙蘇武　（西元前一四〇～前七〇年）西漢杜陵（今陝西西安東南）人，字子卿。官拜中郎將。武帝天漢元年（西元前一〇〇年），奉命出使匈奴，被扣留。匈奴單于用盡百般手段，逼迫其投降，武終不屈。被遷至北海（今貝加爾湖）邊牧羊。武靠啃雪吃草子延命，持漢節十九年。直到昭帝繼位，與匈奴和親，方得以返回故國。《漢書》有傳。㉚李陵　（？～前七四年）西漢隴西成紀（今甘肅秦安）人，字少卿。名將李廣之孫，善騎射，武帝時拜騎都尉。自率兵五千伐匈奴，因眾寡懸殊，援軍不至，力戰矢盡被俘，後投降。《史記》、《漢書》有傳。㉛盧敖　秦時燕人。秦始皇召為博士，命其尋訪神仙和長生不死藥，因無法求得而逃去。㉜六合窮觀最上乘　窮盡對上下四方的觀察，達於大道之最上乘。本詩借景抒情，縱論今古，歸結為窮觀六合，達於至道之宗旨。前兩句寫北地的寒冷，由之引出盧敖北海遇若士，鯤鵬之化，並及蘇武遷北海，李陵盼南歸事，以映襯作者的複雜心緒。最後歸結為要學盧敖遨遊四方之志向，窮盡對六合的觀察研究，達到大道之上乘。㉝黑車白帳　黑色車子白色氈帳。帳有二種，一是可以拆卸的，即用統一規格的木棒作成圓形骨架，木棒匯合頂端小圓圈，由此向上伸出煙囪，用以排煙氣採光。帳頂和周圍都用白氈遮蓋，門帘也用氈製成。帳的大小不一，大者可容數百人。另一種不可拆卸，以柳木織定硬圈，徑用氈搭定，不可卷舒，車上載行。《黑韃事略》車用牛挽拉。這種車帳有的

很大，車兩輪間距達二十英尺，車上帳幕直徑達三十英尺，要用二十頭牛牽引，車上可坐可臥。還有駝車用來挽拉臥具物品等。㉞原隰　廣闊的平原和低洼的濕地。㉟黃雲　大風吹起浮塵，漫天飛舞，如黃色雲霧。即今所說之浮塵天氣或沙塵天氣。㊱西沙河　即今之海拉爾河，西北流入呼倫湖。㊲陸局河　河流名。《元史》作怯魯連河。《塞北紀行》作驢駒河。即今之克魯倫河。此河發源於蒙古之肯特山，東南流，又折向東北，匯入呼倫湖。㊳斡辰大王帳　斡辰封地，在呼倫湖東側。㊴馬湩　馬奶。湩，乳汁。

【語　譯】大家於農曆二月八日出發。這天天氣晴好，道友們到西郊送行，攔阻師父的馬頭泣涕說：「師父去往萬里之外，什麼時候再有瞻仰禮拜聆聽教誨的機會呀？」師父說：「只要你們信仰大道之心堅定不動搖，就一定有相見之日的。」眾人又泣涕請求說：「究竟什麼時候能再見呢？」師父說：「我之行止不是自己所能決定，再加上遠涉異國他鄉，彼此之信念是否相合也很難說，這些都增加了不確定性。」眾人說：「師父豈能不知道，願預先告知弟子們。」師父心想不具體回答無法使他們停止追問，於是就反覆說：「三年回來，三年回來。」

二月十日，住宿在翠帡口。第二天，北過野狐嶺，登高南望，俯視太行山群峰晴空下薄霧飄渺，分外可愛。反望北方，只見寒沙枯草，中原風光自此分隔開了。得道之人心胸寬廣，無論去往哪裡都沒什麼不可以。宋德方等人指著戰場上的白骨說：「我回去時一定要舉辦一場金籙道場，以追祭超度這些孤魂，這也是我修好積德作善事的一段機緣。」北行過撫州。二月十五日，東北行，過蓋里泊。所行之處都是小山丘和鹽鹼地，開始見到二十戶人家。南面有鹽池，連綿曲折向東北方向延伸。從此往北沒見有河流，居民大都挖掘沙井取水。南北數千里內沒有大山。騎馬走了五日，走出明昌界壕。師父以詩記所見之實，詩曰：

高低曲折道路彎環，到處是鹽場死水潭。

整天不見有人過往，終年時有馬群往返。

地無樹木只餘荒草，天生丘陵無有大山。

五穀不熟惟食乳酪，衣裘住帳也覺喜歡。

又走了六七天，忽然進入大沙漠。其間沙石灘處生有矮樹，樹幹粗大者可以合抱。往東北走千里之外，沒有沙的地方絕無樹木。三月初一，走出沙漠，到達魚兒濼，開始有人煙和村落，居民多數以種田和捕魚為業。已經到了清明季節，春天仍然遙遠不見蹤影，凝冰還未融化。師父作詩云：

北陸嚴寒自古著稱，沙漠三月冰尚凝固。

再尋若士變為黃鵠，要識長鯤化作大鵬。

蘇武北遷憂愁欲死，李陵南望欲歸無憑。

我今改學盧敖志向，窮觀六合達於上乘。

三月五日朝東北方行進。沿途四方遠處有人煙，都是乘黑色輿車，住白色氈帳，逐水草放牧。這裡都是遼闊的平原和低窪的濕地，連一棵小樹都沒有，四面望去，只有如黃色雲霧般的沙塵和無邊的枯草。沿著這樣的路一直走下去。又走了二十多天，才看見一條沙河，向西北流入陸局河。水深僅濕及馬腹，河旁生長很多柳樹叢。渡過河往北行三天，進入一片小沙漠地帶。四月初一，到達斡辰大王營帳，冰才開始融化，小草才開始萌發。這時有人舉辦結婚宴會，方圓五百里內的首領都載著馬奶來相助。黑車和氈帳排列起來有好幾千。四月七日，師父晉見斡辰大王，大王詢問延生長壽之事，師父以為必須齋戒之後才可聞知。約定十五月望之日開始講授。到那天，天降大雪，就停止了。大王又說：「皇上派遣使臣萬里請師，詢問大道，皇上未問之前，我哪敢搶先啊。」又告知阿里鮮：「見過皇上後東歸時，一定陪同師父光臨我這裡。」四月十七日，斡辰大王贈送牛馬百頭、車十輛為丘師送行。

三 從斡辰營帳至田鎮海城

【題解】 本章記述由呼倫湖東側之斡辰營帳出發西行，至阿爾泰山東南之田鎮海城這段路程之經歷見聞。辛巳年（一二二一年）四月十七日離開斡辰營帳，六月十三日至長松嶺，六月二十八日至窩里朵行宮，七月底至田鎮海城。用時三個多月，行程五千餘里。全章分為四段：㈠沿陸局河西行，途中所見有日蝕、蒙古民俗、契丹古城遺址等。㈡長松嶺之氣候、地貌、植被等。㈢住行宮，接受漢、夏公主贈品。又西南行，沿途見雪山、古墓、海子、蒙古氈帳，直至田鎮海城。㈣面對高山廣澤阻滯，輕車簡從，只帶二車十弟子和二十蒙古騎兵繼續西行，其餘人留下。安排好以後，又重上路，走上新的行程。

馬首西北，二十二日抵陸局河。積水成海❶，周數百里。風浪漂出大魚，蒙古人各得數尾。並河南岸西行，時有野薤❷得食。五月朔，亭午❸，日有食之❹。既❺，衆星乃見，須臾復明。時在河南岸，蝕自西南生自東北。其地朝涼而暮熱，草多黃花。水流東北，兩岸多高柳，蒙古人取之以造廬帳❻。

行十有六日，河勢遶西北山去，不得窮其源❼。西南接魚兒濼驛路❽。蒙古人喜曰：「年前已聞父師來。」因獻黍米石有五斗。師以斗棗酬之。渠❾喜曰：「未嘗見此物。」因舞謝而去。又行十日，夏至❿，量日影三尺六七寸⓫。漸見大山峭拔，從此以西，漸有山阜⓬，人煙頗眾，亦皆以黑車白帳為家。其俗牧且獵，衣以韋毳⓭，食以肉酪。男子結髮垂兩耳⓮，婦人冠以樺皮，高二尺許，往往以皂褐籠之⓯。富者以紅綃其末⓰，如鵝鴨，名曰「故故」⓱，大忌人觸。出入廬帳，須低回⓲。俗無文籍⓳，或約之以言，或刻木為契⓴。遇食同享，難則爭赴。有命則不辭，有言則不易，有上古之遺風焉。以詩敘其實云：

極目山川無盡頭，風煙不斷水長流。
如何造物開天地，到此令人放馬牛。
飲血茹毛㉑同上古，峨冠結髮㉒異中州。

聖賢不得垂文化㉓，歷代縱橫只自由。

又四程㉔，西北渡河㉕乃平野。其旁山川皆秀麗，水草且豐美。東西有故城基址㉖，若新街衢，巷陌可辨，制作類中州。歲月無碑刻可考，或云契丹㉗所建。既而地中得古瓦，上有契丹字，蓋遼亡士馬不降者，西行所建城邑也。又言西南至尋思干城㉘，萬里外回紇㉙國最佳處，契丹都焉，歷七帝㉚。

【注釋】❶積水成海　匯積河水而成海。此海指呼倫湖。蒙古語稱達來諾爾，意為海湖。位於內蒙古呼倫貝爾盟西部，有克魯倫河和烏爾遜河注入。長約八十公里，寬約三十五公里，面積二千三百一十五平方公里，湖面海拔五百四十五公尺半，最深處達八公尺。為半鹹水的內陸湖，盛產魚類。環湖水草豐美，為優良牧場。❷野薤　一種早春萌生的野菜。葉如韭，地下有圓形白色鱗莖，如蒜頭，味辛辣如蔥，可食，亦可入藥，名薤白。❸亭午　正午。❹日有食之　日食。此次日食為日全食，《宋史》、《金史》之〈地理志〉皆有記載，與本書相合。❺既　食盡。太陽全被月亮遮住，即日全食。❻廬帳　蒙古牧民居住的氈帳，即蒙古包。❼不得窮其源　不能找到河流之發源地。此河即陸局河，今稱克魯倫河，發源於肯特山，在此地轉向東北方。丘等由此過河西行，不再溯河上行，故不能「窮其源」。❽驛路　古時傳遞文書的道路。間隔一定距離設有驛站，派駐官員管理，備有車、馬及應用物品，供傳驛人員使用。魚兒濼至此有驛路，與丘等行路相接。❾渠　其；他們。代詞，代表那些迎接丘等的蒙古人。❿夏至　農曆二十四節氣之一，在西曆六月二十一日或二十二日。此日太陽經過夏至點，北半球白晝最長，黑夜最短。⓫量日影三尺六七寸　測量日影長度，得三尺六七寸。據說古人夏至日測日影的方法是，在正午時分，將八尺長的木竿垂直立於陽光下，測量影子的長度，以確定該地之地理位置。據專家推算，此地在北緯四十七度二十一分，東經一百零七度。⓬阜　土山；丘陵。⓭韋毳　韋為去毛熟治的皮革，毳為粗糙的毛織物。⓮結髮垂兩耳　結成髮辮，垂於兩耳側。這是當時蒙古族男人的通行髮式，稱為「婆焦」，形如漢族兒童所留三搭頭。在囟門之髮，稍長即剪去；垂在兩側之髮，挽成小角垂於兩肩。⓯婦人冠以樺皮三句　普通蒙古族婦女的帽子，用樺樹皮為材料，外面籠罩黑色或褐色織物作成，高二尺多。以皂褐籠之，用黑色或褐色織物圍籠起來。⓰紅綃其末　用紅綢子纏繞帽子頂部之尖角。綃，紅綢。⓱故故　蒙古貴族婦女所戴冠名。又稱「顧姑」、「姑姑」等。明葉子奇《草木子．雜制》：「元朝后妃及大臣之正室，皆帶姑姑，衣大袍。其次即帶皮帽。姑姑高圓二尺許，用紅色羅蓋。」蒙古貴族婦女所戴冠，用鐵絲或竹木為骨架，作成如竹几之形，長三尺多，外用紅色青色錦繡包裝，飾以珠玉。其上有杖一枝，纏以紅青絨飾。整個帽子形如鵝鴨，名為故故。⓲低回　低頭彎腰。回，彎曲。⓳文籍　文字書籍。丘西行時，蒙古尚無文字。此後成吉思汗滅乃蠻國，俘獲執掌金印和錢穀的畏吾兒人塔塔統阿，令其「教太子諸王畏兀字書國言」，創造了畏吾兒蒙古文字。忽必烈時，又命八思巴另創蒙古字，作官方文字頒行，而畏吾兒蒙古字仍在民間流行。⓴刻木為契　在木版上刻下印跡，以為相互取信之憑證。《黑韃事略》：「韃人本無字書，行於本國者，則止用小木長三四寸，刻之四角。且如差十馬，則刻十角，只刻其數。」㉑茹毛　生吃帶毛動物之肉。茹，吃。㉒峨冠結髮　戴高冠，頭髮結成髮辮。㉓垂文化　把文治教化傳播下來。此詩記述當地之風土民俗。前兩句寫景：放眼望去，連綿山川無有盡頭，風揚煙塵伴隨長長流水。下六句寫民俗：造物主開闢天地，令他們在此放牧牛羊，茹毛飲血過著上古生活，戴高冠結髮辮別於中原之俗。聖賢未在此傳播文化，世代只是自由放縱。㉔四程　四日行程。㉕河　此河即今之圖拉河。又作土拉河，在今蒙古國境內。㉖故城基址　據清末輿地學者丁謙考證，遼天祚帝保大三年（一一二三年），天祚帝耶律延禧第二子梁王雅里奔西北部稱帝，「此城似即梁王所築也」。按，從時間分析，梁王出奔至丘西行，相隔近百年。如此城確為梁王建而又毀，相距時間應該較近。從「故城基址，若新街衢，巷陌可辨，制作類中州」等記載，比較符合丁謙說。又據吉謝列夫〈蒙古的古城〉（載《蘇聯考古學》一九五七年第二期）認為此隔河相對二城為哈達桑古城和青托羅蓋古城。㉗契丹　古族名。屬東胡族之一支，居今遼河上游，以游牧為生，北魏時自稱契丹。唐代封其首領為都督，唐末耶律阿保機統一各部，於九一六年建契丹國，自稱皇帝，國號遼。一一二五年為金所滅，契丹人融入漢、女真、蒙古各族中。㉘尋思干城　城鎮名。又名邪米思干，即今烏茲別克共和國之撒馬爾罕，為中亞地區重要古城之一。㉙回紇　古族名，其先為匈奴。游牧於大漠以北，鄂爾渾河和色楞格河流域。因反抗突厥壓迫，隋時韋紇部與仆骨等部結成聯盟，總稱回紇，活動於東起興安嶺，西至阿爾泰山之間，最盛時達於中亞地區。唐時改稱回鶻，唐開成五年（八四〇年），為黠戛斯戰敗，部落分散西遷。這裡所言回紇國，或為其中一支所建。㉚歷七帝　遼末，皇族耶律大石率眾西奔，在西域重建遼國，持續九十年。其傳承為大石在位二十年，稱德宗；死後由皇后塔不煙主政七年；大石子夷列在位十三年，稱仁宗；夷列妹普速完主政十四年；夷列子直魯古在位三十四年，為乃蠻王屈出律所篡，則為五代，此段記述傳聞，稍有出入。

【語　譯】馬頭朝向西北方行進，四月二十二日抵達陸局河。只見河水匯聚成海，方圓有數百里。風浪中大魚被沖到岸上，隨行的蒙古人每個人都拾得數尾。在南岸與陸局河相並西行，地上時有野薤供採食。五月初一正午，發生日食。食盡之時，天空出現許多星星，不一會工夫，又恢復光明。當時是在河南岸，（日食是由西南開始向東北移動。）這裡早晨涼爽，傍晚較熱，野草多數開黃花。河水流向東北，兩岸多生長高柳，蒙古人取來用以製作廬帳的骨架。

又走了十六天，河流繞向西北，進入山中，不能找到河的源頭。這裡西南方與魚兒濼驛路相連接。當地蒙古人高興地說：「年前就聽說師父要來。」為表示歡迎，向師父等人敬獻黍米一石五斗。師父也用一斗乾棗答謝。他們高興地說：「以前還未見過這種東西。」起舞答謝而去。又走了十天，正逢夏至，測量日影長度得三尺六七寸。漸漸可以看到峻峭挺拔的大山，由此往西行，漸漸有了丘陵，人煙眾多，也是以黑色輿車白色氈帳為家。這裡的民俗是既放牧也狩獵，穿用熟皮革和粗糙毛織物製成的衣服，吃肉類和乳酪。男人的髮式是結成髮辮垂於兩耳，婦人戴二尺高的樺皮冠，外面用黑色或褐色織物罩著。富家女人的帽子要用紅綢子纏繞其頂部尖角，帽子形如鵝鴨，名為「故故」，特別忌諱別人觸摸。進出廬帳時必須低頭彎腰，以免碰撞。當時蒙古族還沒有文字書籍，有事時或以口頭語言約定，或在木牌上刻下印跡為憑證。有食物大家共享，遇危難爭相奔赴。有命令不借故推辭，有承諾則不會改變，有上古先民之遺風。師父以詩記其實，詩曰：

放眼山川無有盡頭，風煙不斷河水長流。
造物主開天又闢地，令人到此放牧馬牛。
茹毛飲血如同上古，高冠結髮異於中州。
聖賢未得傳播文化，世代只是放縱自由。

又經四日行程，於西北方渡過一條河，便是平原。這裡近旁山川都很秀麗，水草也很豐美。河之東西兩岸各有一故城基址，大小街路如同新建，小巷縱橫清晰可辨，城之建築風格類似中原。故城年代沒有碑刻之類可供考證，有人說是契丹人所建。接著從土中得到古瓦，上面有契丹文字。或許是遼國滅亡後，將士有不願投降的，率人馬西行至此所建之城邑。又聽說，西南可至尋思干城，是萬里外回紇國最好的地方，契丹人在那裡建立都城，經歷七代皇帝。

六月十三日，至長松嶺❶後宿。松栝森森❷，干雲❸蔽日，多生山陰澗道間❹，山陽極少。十四日，過山，度淺河。天極寒，雖壯者不可當。是夕宿平地。十五日曉起，環帳皆薄冰。十七日，宿嶺西，時初伏❺矣，朝暮亦有冰，霜已三降，河水有澌冷❻如嚴冬。土人云：「常年五六月有雪，今歲幸晴暖。」師易其名曰大寒嶺。凡遇雨多雹，山路盤曲，西北且百餘里。既而復西北，始見平地。有石河❼長五十餘里，岸深十餘丈，其水清冷可愛，聲如鳴玉❽。峭壁之間有大蔥，高三四尺。澗上有松，皆十餘丈。西山連延，上有喬松鬱然❾。山行五六日，峰迴路轉，林巒秀茂，下有溪水注焉。平地皆松樺雜木，若有人煙狀。尋登高嶺，勢若長虹，壁立千仞❿，俯視海子⓫，淵深恐人。

【注釋】❶長松嶺　此指地名、山名，抑或固有名、外加名，皆不能確定，具體位置亦難確考。丘等一行人由陸局河轉彎處西行至長松嶺，所經路線記載簡略。而張德輝《塞北紀行》記載此段路較詳，兩者相近，可作參照。《紀行》言，離開陸局河轉彎處之黑山，西南行九驛，過土拉河。西行一驛遇契丹故城。西南行三驛，過工匠積養地。又經一驛，過大澤吾誤竭腦兒。這裡「地甚平曠，可百里，外皆有山，山之陰多松樹」。丘等沿驛路行至此，見山陰多松，而名之長松嶺。此山即杭愛山。則長松嶺當指順驛路進入杭愛山一帶山嶺。俄人博塔寧謂杭愛山有東部支脈名恩都兒沙那，蒙語為「高松」之意。可見當地人也有以松名山者。❷松栝森森　松樹圓柏生長茂密高聳。栝，木名，又稱圓柏、檜柏，常綠喬木，高可達二十多公尺，樹齡長達數百年。李時珍《本草綱目・柏木》：「柏葉松身者檜也，其葉尖硬，亦謂之栝，今人名圓柏。」森森，高聳茂密。❸干雲　觸及天上的雲。形容樹木很高。❹澗道間　峽谷和道路間。澗，山間夾谷有水者。❺初伏　農曆夏至後第三個庚日開始入伏，伏共三十天，前十天為初伏或頭伏，第二個十天稱二伏或中伏，第三個十天為三伏或末伏。❻澌冷　冰冷。澌，剛解凍的流水，接近冰點，寒冷如冰。❼石河　河床皆由岩石構成之河流。此指蒙古國色楞格河支流齊老圖河，蒙語為石河之意。❽鳴玉　敲打玉石發出的清脆悅耳之聲。❾鬱然　茂盛；繁茂。❿仞　古時八尺為仞，或說七尺為仞。⓫海子　北方人稱湖沼為海子。

【語譯】六月十三日，到達長松嶺後住宿。這裡松樹圓柏長得高大繁茂，遮天蔽日，都生長在山的北坡峽谷和道路兩側，山的南坡樹木極少。十四日過山，渡過一條淺河。天氣極為寒冷，雖是身體健壯者也難以抵擋。這天晚上在山間平地搭起帳棚住宿。十五日早晨起來，圍繞帳棚外面都結了一層薄冰。十七日，在嶺西住宿，當時已入初伏，早晨和夜裡還會結冰，霜已下過三次，河水冰冷如同嚴冬。當地人說：「往常年分五六月還降雪，今年幸好晴朗暖和。」師父改其地名為大寒嶺。這裡凡降雨多夾帶冰雹，山路盤旋曲折，向西北走了一百多里。接著再往西北走，才見到平地。見到一條河，河床皆為岩石，長約五十多里，河岸縱深十多丈，河水清澈可愛，流水聲如敲擊玉石般悅耳動聽。峭壁之上生有大蔥，高三四尺。峽谷生長之松樹，都有十多丈高。西面山與山連綿不絕，上面高大的松樹生長繁茂，鬱鬱蒼蒼。在山間走了五六天，峰迴路轉，見山巒林木秀麗茂盛，有溪水飛流直下。平地處都生長著松樹、樺樹和其他雜樹，好像有人居住。接著又登上高嶺，山勢如同一條長長的彩虹，兩側陡崖，壁立千仞，俯視下面湖泊，淵深怕人。

二十八日，泊窩里朵❶之東。宣使先往奏稟皇后❷，奉旨請師渡河。其水東北流，瀰漫沒軸，絕流以濟。入營，駐車南岸。車帳千百，日以醍醐❸湩酪❹為供。漢、夏公主❺皆送寒具等食。黍米斗白金❻十兩，滿五十兩可易麵八十斤。蓋麵出陰山❼之後二千餘里，西域賈胡以橐駝❽負至也。中伏，帳房無蠅。窩里朵，漢語行宮也。其車輿亭帳，望之儼然❾，古之大單于❿未有若此之盛也。

七月九日，同宣使西南行。五六日，屢見山上有雪，山下往往有墳墓。及升高陵，又有祀神之跡⓫。又三二日，歷一山，高峰⓬如削，松杉鬱茂，西有海子。南出大峽，則一水⓭西流，雜木叢映於水之陽，韭茂如芳草，夾道連數十里。北有故城曰曷剌肖⑭。西南過沙場二十里許，水草極少，始見回紇決渠灌麥。又五六日，踰嶺而南，至蒙古營宿。拂旦行，迤邐南山，望之有雪。因以詩記其行：

當時悉達悟空晴⑮，發軫初來燕子城⑯。撫州是也。

北至大河三月數⑰。即陸局河也。四月盡到，約二千餘里。西臨積雪半年程。即此地也，山常有雪。東至陸局河約五千里，七月盡到。

不能隱地迴風⑱坐，道法有迴風隱地、攀斗藏天⑲之術。卻使彌天⑳逐日行。

行到水窮山盡處，斜陽依舊向西傾。

郵人㉑告曰：「此雪山北是田鎮海㉒八剌喝孫也。」八剌喝孫，漢語為「城中有倉廩」，故又呼曰「倉頭」。

【注釋】❶窩里朵　蒙語音譯，意為行宮。蒙古皇帝在草原上建有很多行宮，此行宮具體位置在色楞格河上游支流鄂疊爾河上。❷皇后　成吉思汗妻子。成吉思汗有數位皇后，分處各地行宮，此為其中之一。❸醍醐　酥酪上凝聚之油，盛冬不凝，盛夏不融。亦指美酒。李時珍《本草綱目・獸・醍醐》引宗奭：「作酪時，上一重凝者為酥，酥上如油者為醍醐，熬之即出，不可多得，極甘美。」❹湩酪　一種用羊奶製作味道鮮美的酸奶。❺漢夏公主　金國和西夏國之公主。漢指金國。元時泛指中國北方為漢。漢公主指金國衛紹王之女。元太祖九年（一二一四年），金貞祐二年，金宣宗將衛紹王女岐國公主歸於元太祖以請和，是為太祖之皇后。夏公主，據《元朝祕史續集》一：「成吉思自那里征合申種，其主不罕兒降，將女子名察哈的獻與成吉思。」察哈即此夏公主。❻白金　指白銀。❼陰山　即天山。元朝人常把河套以北，大漠以南之陰山稱天山，而把新疆至中亞的天山稱陰山。天山，橫亙新疆中部，東西長二千五百公里，南北寬二百五十至三百公里，最高峰為托木爾峰，海拔七千四百四十三點八公尺。此稱「陰山之後」，蓋指天山北側支脈博格達山一帶。❽橐駞　駱駝。❾儼然　整齊威嚴的樣子。❿大單于　漢代匈奴人稱其君主為單于，統轄疆域廣大、人馬眾多之君主則稱大單于。⓫祀神之跡　祭祀神靈之祭壇遺跡。⓬高峰　指烏里雅蘇臺東杭愛山之高峰鄂忒孔蓋爾峰。此峰終年積雪，峰下有湖，與此處描述相合。⓭一水　一條河，指烏里雅蘇臺河。⓮曷剌肖　與烏里雅蘇臺音近，當指一地，臺為蒙語形容詞之尾音，無義，烏里雅蘇意為白楊樹。⓯當時悉達悟空晴　當初悉達多領悟空之真義。悉達，通常作悉達多，為佛祖釋迦牟尼之俗名。佛祖釋迦本為中印度迦毘羅國淨飯王長子，姓喬達摩，名悉達多。十九歲入雪山修苦行六年，未得悟道。出山後在迦耶山菩提樹下靜坐七天七夜，得悟世間無常，緣起性空等基本佛法。由此開始到各地傳道四十年，創立佛教。此處引釋迦悟道典故，在於說明悟道傳道之艱難以自況。晴，應為情之假借字。情為情實，指佛法本義。⓰發軫初來燕子城　由出發點來到撫州城。丘處機等人一二一九年八月從山東萊州出發，一二二一年二月北度野狐嶺，路過撫州城，為西行之準備階段，由此開始進入漫漫西行路。發軫，起始；出發點。燕子城，即撫州城（在今內蒙古興和縣境），傳說此城多燕，故有燕子城之稱。⓱三月數　三個月之數。從一二二一年二月初八由宣化出發，至四月二十二日到達陸局河，約三個月時間，行程二千里。⓲隱地迴風　道教法術，內容不詳。⓳攀斗藏天　亦為道教法術，內容不詳。斗指北斗星。⓴彌天　漫天。此詩是過了杭愛山後，回顧半年行程，抒發不畏艱難，繼續西行的堅定信念。頭兩句用釋迦悟道引發西行傳道救世之舉。三四句是對半年行程分兩段加以概括。後四句講不能安穩地在道觀中修煉法術，而要在漫天風沙中逐日西行。哪怕水盡山窮，也要像斜陽西傾一樣堅定西行。㉑鄄人　傳送信件之差人。㉒田鎮海　人名，蒙古怯烈臺氏人，以軍伍長追隨成吉思汗。征乃蠻有功，賜與良馬。後隨軍出征，多立戰功，屢受重賜。「命屯田阿魯歡，立鎮海城，戍守之。」(《元史・鎮海傳》)官至中書右丞相。又據王國維《黑韃事略箋證》，鎮海為回回人，通回回文，凡有回回文之文書，由他審處，並負責處理有關回回國事宜。又回鶻有田姓巨商，鎮海亦稱田鎮海、田相公，或其本為回回人，田姓，至朔方蒙古人聚居處，始為怯烈臺氏，仍與回回人有深厚淵源。鎮海屯田之處在今蒙古國科布多城東南，都爾格湖西南一帶。

【語　譯】六月二十八日，住紮在行宮之東。駐紮在先去行宮向皇后奏報，奉皇后諭旨請丘師一行人渡河。河水流向東北，水深漫過車軸，橫流渡過去。進入營地後，把車子停靠在河之南岸。行宮車帳有千百個，每天都用上等奶製品供給后妃們。作了后妃的金國、西夏公主都送來禦寒用具和食品等物。當地黃米每斗白銀十兩，五十兩白銀可買麵粉八十斤。麵粉大概出產在天山北側，距此二千餘里，由西域商人用駱駝馱運到此的。時節已是中伏，帳房內不見蒼蠅。窩里朵，漢語為行宮之意也。其間停放之車輿亭帳，看上去又整齊又威嚴，古代匈奴大單于也沒有如此盛大。

七月九日，同劉宣使一道向西南行進五六天。多次望見山上有雪，山下常常有墳墓。等到登上高崗，又見有祭祀神靈的祭壇遺跡。又走了二三天，經過一座山，高峰筆直如削，松樹杉樹生長茂盛，西側有湖泊。南行出大峽谷，則見一條河向西流，各種雜樹叢生在河的北岸，野韭生長繁茂如同芳草，夾道連綿數十里。北面有一座故城名曷刺肖。西南行過沙地二十多里，水草極少，開始見到有回紇人放渠水灌溉麥田。又走了五六天，越過一條嶺向南行，到蒙古營帳住宿。天亮出發，曲折連綿的南山上，望見有雪。師父以詩記其行，詩曰：

當年悉達多悟空義，我傳法初來燕子城。（撫州是也。）
北到大河用時三月，（即陸局河也。四月末到達，約行二千餘里。）西臨積雪半載行程。（即此地也，山常有雪。東至陸局河約五千里，七月末到達。）
不能練隱地迴風之術，（道法有迴風隱地、攀斗藏天之術。）卻要漫天逐日前行。
走到水盡山窮之處，斜陽依舊傾向西方。

郵差告知說：「此雪山北面就是田鎮海八剌喝孫也。」八剌喝孫，漢語為「城中有倉廩」之意，故又稱為「倉頭」。

七月二十五日，有漢民工匠絡繹來迎，悉皆歡呼歸禮，以彩幡、華蓋❶、香花前導。又有章宗❷二妃，曰徒單氏，曰夾谷氏❸，及漢公主母欽聖夫人袁氏❹，號泣相迎。顧謂師曰：「昔日稔聞❺道德高風，恨不一見，不意此地有緣也。」翌日，阿不罕山❻北鎮海來謁。師與之語曰：「吾壽已高，以皇帝二詔丁寧❼，不免遠行數千里，方臨治下。沙漠中多不以耕耘為務，喜見此間秋稼已成。余欲於此過冬，以待鑾輿❽之迴，何如？」宣使曰：「父師既有法旨⑨，仲祿不敢可否，惟鎮海相公度之⑩。」公曰：「近有勅，諸處官員如遇真人經過，無得稽其程⑪，蓋欲速見之也。父師若需於此，則罪在鎮海矣。願親從行。凡師之所用，敢不備。」師曰：「因緣⑫如此，當卜日行。」公曰：「前有大山高峻，廣澤沮陷⑬，非車行地，宜減車從，輕騎以進。」用其言，留門弟子宋道安⑭輩九人，選地為觀。人不召而至，壯者效其力，匠者效其技，富者施其財。聖堂、方丈⑮、東廚、西廡、左右雲房⑯，無瓦皆土木。不一月落成，榜曰棲霞觀⑰。時稷黍在地，八月初霜降，居人促收麥，霜故也。大風傍北山西來，黃沙蔽天，不相物色。師以詩自嘆云：

丘也東西南北人，從來失道⑱走風塵。
不堪白髮垂垂老⑲，又踏黃沙遠遠巡。
未死且令觀世界，殘生無分樂天真⑳。
四山五嶽都遊徧，八表飛騰後入神㉑。

【注　釋】❶華蓋　帝王或貴官出行所用之傘蓋。❷章宗　金國皇帝，名完顏璟。一一八九年正月世宗崩，以皇太孫即位，在位二十年。❸徒單氏夾谷氏　金章宗之兩位妃子。《金史．百官志》載，章宗五妃，有真妃徒單氏、麗妃徒單氏、昭儀夾谷氏。一二一四年，在蒙古大軍的威逼下，金宣宗率百官逃離中都（北京），去往南京（汴梁），命丞相完顏承暉和尚書右丞抹撚盡忠留守。一二一五年五月，中都危急，承暉「仰藥死」，「凡在中都妃嬪聞盡忠出奔，皆裝束至通玄門。盡忠謂之曰：『我當先出與諸妃啟途。』諸妃以為信焉，盡忠乃與愛妾及所親者先出城，不復顧矣。」（《元史．抹撚盡忠傳》）中都遂不守，章宗二妃必是城陷被俘，送至此處的。❹漢公主母欽聖夫人袁氏　金衛紹王妻子，封欽聖夫人，比妃子地位低，為漢族。宣宗貞祐二年送與成吉思汗作皇后的金國公主，即為袁氏所生。她在此居住十年，後出家。❺稔聞　熟聞。稔，熟悉。❻阿不罕山　阿不罕為阿魯歡之轉音，指同一地域。其地在蒙古國科布多城東南都爾格湖西南濱。❼丁寧　反覆申說囑咐。❽鑾輿　又稱鑾駕，皇帝乘坐的車駕。鑾為安裝在軛首或車衡上的飾物，上部為扁圓形的鈴，下部座坐，鈴內懸有圓球，車行鈴動，發出鸞鳥鳴唱般聲音，故名。輿，指車子。❾法旨　對道教宗師、祖師意旨的尊稱。亦稱天神的指令為法旨。❿度之　權衡評判它。指對丘師意見可否聽從，憑鎮海決定。⓫稽其程　滯誤其行程。稽，停留；阻滯。⓬因緣　產生結果的內因為因，外因為緣。或指造成結果的全部原因條件。此作緣分解。⓭沮陷　因陷溺而受阻。沮有阻止毀壞之意。⓮宋道安　丘處機弟子，生卒年不詳。為西行十八弟子之一。一二二一年七月行至阿不罕山時，與另外弟子共九人留守，建棲霞觀。東歸後，丘臨終遺命，令其掌管道門事，以尹志平為副。道安以自己年事已高，委託志平代理。元武宗時被封為元明普照崇德真人。⓯聖堂方丈　聖堂，有道教聖像的殿堂。方丈，道教觀主之居室。亦稱觀主為方丈。⓰雲房　僧道或隱者所居之室。⓱榜曰棲霞觀　題其匾額曰棲霞觀。丘以棲霞為觀名，寓紀念故鄉山東棲霞之意。其地在今蒙古國西部城市科布多附近。⓲失道　迷失大道。⓳不堪白髮垂垂老　白髮垂垂的老人不能忍受。不堪，受不了；不能忍受。⓴殘生無分樂天真　餘生沒有福分享受體合自然、內外純靜的本性之樂。天真，體合自然、內外純靜，未受禮教和習俗影響的自然本性。㉑八

表飛騰後入神　八荒遨遊後達於出神入化之境界。八表，八方以外極遠地域。與八荒意近。入神，出《周易・繫辭》：「精義入神以致用也。」此指體悟大道，運用自如，達於出神入化之境。這首詩抒發傳道救世的執著之心。以垂暮之年，面對蔽天黃沙，重重險難，仍一往直前，義無反顧。前四句說他自己屬於東西南北四方之人，因為迷失大道一直在塵世中奔走追尋。雖白髮垂垂不能忍受，還是踏上黃沙蔽天的遠行之路。後四句說他未死之前還會使自己觀察世間各地，有生之年也沒有福分享受自性的快樂。待到遊遍四山五嶽，遨遊八荒之域，方能體悟大道，運用自如，達到出神入化之境。

【語譯】七月二十五日，有不少漢人工匠持續不斷地前來迎接，他們都熱烈歡呼，饋送禮物，用彩色旗幡、華麗的傘蓋和香花在前面引導。還有金章宗的二位妃子徒單氏和夾谷氏，及金國公主的母親欽聖夫人袁氏，他們號泣相迎，望著丘師說：「以前就熟聞您高尚的道德風範，恨不能一見，想不到在這裡有緣分。」第二天，鎮海由阿不罕山北來此相見。師父對他說：「我的年事已高，因為皇帝兩次下詔反覆申說囑咐，不得不遠行數千里，剛剛到達您治理之地。所見沙漠之中多不以農耕為業，幸喜在這裡見到秋糧已經成熟。我想在此處過冬，並等待皇帝的鑾駕返回，怎麼樣呢？」劉宣使說：「師父既有法旨，仲祿不敢說行不行，請鎮海相公權衡決定吧。」鎮海相公說：「近來有皇帝命令，要求各地官員如果遇見真人經過，不得阻礙其行程，大概是想快點見到您吧。師父如果要在此地停留，罪在我鎮海了。我願親自隨行。凡是師父所需要的東西，豈敢不備辦齊全。」師父說：「緣分如此，應當占卜吉日啟程。」鎮海相公說：「前方有大山又高又險峻，大片沼澤陷溺難行，不是車輛可以通行的地方，應該減少車輛和隨行人員，輕騎前進。」師父採納他的建議，留下弟子宋道安等九人，選擇地址建造道觀。人們聽說此消息不召而自來，強壯者奉獻力氣，工匠們奉獻技藝，富有者施捨金錢。聖堂、方丈、東廚、西廡、左右雲房，（此地無瓦，皆土木建築。）不到一個月就完工了，題其匾曰棲霞觀。這時稷、黍等作物還在田裡，八月初開始降霜，居民正忙於收麥，怕遭霜凍之害也。大風順著北山坡由西面吹過來，夾帶黃沙遮天蔽日，使人辨不清周圍物體的顏色。丘師寫詩自嘆，詩曰：

丘是東西南北之人，為求大道奔走塵世。
雖白髮垂垂不能忍受，仍踏黃沙萬里追尋。
未死且令遍觀世界，殘生無分享樂天真。
四山五嶽全都遊遍，遨遊八荒體道入神。

四　過金山至賽蘭城

【題　解】八月八日由鎮海領地出發，過金山，歷經約三個月，十一月初到達賽蘭城。所用時間與所行路程和前段大體相當，但途中見聞則更豐富，經歷更驚險。可分為六節。㈠八月初啟行過金山，沿成吉思汗三太子所闢路西行，連過五嶺，到金山之南。㈡南行過鹹鹵地、白骨甸沙漠。㈢八月二十七日抵陰山下，又至回紇大城鼈思馬，知西涼、輪臺、和州、北庭端府故事。㈣西行，南望陰山三峰倚天。至昌八剌城。渡沙漠，見沙細如流。又過長坂、天池，見松樺林高百尺。㈤至阿里馬城，見當地物產、民俗。㈥十月初過伊犁河，中旬至大石林牙城訪古，月末至賽蘭城。十一月初，當地人慶賀節日，趙九古病逝。

八日，攜門人虛靜先生趙九古❶輩十人，從以二車，蒙古驛騎二十餘，傍大山西行。宣使劉公、鎮海相公又百騎。李家奴，鎮海從者也，因曰：「前此，山下精❷截我腦後髮❸，我甚恐。」鎮海亦云：「乃滿❹國王亦曾在此為山精所惑，食以佳饌。」師默而不答。

西南約行三日，復東南，過大山，經大峽，中秋日抵金山❺東北。少駐，復南行。其山高大，深谷長坂❻，車不可行。三太子❼出軍始闢其路❽。乃命百騎挽繩縣轅以上，縛輪以下❾。約行四程，連度五嶺，南出山前，臨河❿止泊。從官連幕為營⓫。因水草便，以待鋪牛、驛騎⓬，數日乃行。有詩三絕云：

八月涼風爽氣清，那堪日暮碧天晴⓭。
欲吟勝槩⓮無才思，空對金山皓月明。

其二云：

金山南面大河流，河曲盤桓賞素秋。
秋水暮天山月上，清吟獨嘯夜光毬⓯。

其三云：

金山雖大不孤高，四面長拖拽腳牢⓰。
橫截大山心腹樹⓱，干雲蔽日競呼號⓲。

【注　釋】❶趙九古（一一六三～一二二一年）金元道士，號虛靜子，丘處機弟子。自少年性澹靜，雅好道書。早年拜府中崔道人為師，執禮三年，甚恭謹。後至龍門受教於長春真人，長春易其名為道堅，命充文侍，掌管經籍典教。西行途中病死。❷精　山精之類傳說中的怪獸。古籍中多有涉及，其形狀說法不一。有說其形如鼓，一足，色赤；有說「人形，長大，面黑色，身有毛，足反踵。」（《淮南子・氾論》：「山出梟陽」高誘注）。❸截我腦後髮　剃掉我腦後頭髮。俗稱鬼剃頭之類。❹乃滿　又稱乃蠻，古族名。見本書頁六注❾。❺金山　今阿爾泰山。阿爾泰為突厥－蒙古語音譯，意譯為金山。位於新疆東部和北部，是與蒙古國相鄰之界山，由西北向東南走向，西北延伸至俄羅斯和哈薩克境內。長約二千公里，海拔多在一千五百至二千五百公尺，最高峰達四千五百公尺。多森林，植被豐富。❻深谷長坂　有深深的峽谷和長長的山坡。此地當指烏藍達坂隘口。❼三太子　成吉思汗第三子，名窩闊臺（一一八六～一二四一年），其汗國在也兒的石河（今額爾齊斯河）上游和今巴爾喀什湖以東地區，都城為也迷思干（今新疆額敏）。一二二九年即大汗位，在位十三年，廟號太宗。一二三〇年進攻金國，陸續占領陝西南部、河南北部及淮西一帶，一二三四年滅亡金國。一二三六年又派拔都西征，深入歐洲中部多瑙河地區。在位期間，任用耶律楚材，採用漢法，制定賦稅制度，廣設驛站，加強本土與諸汗國的聯繫，頗有作為。❽始闢其路　初開闢這段道路。一二一九年成吉思汗統兵征西域，眾太子隨軍效命。過金山時，三太子受命開路，即是這一段路。耶律楚材《西遊錄》描述這段經歷：「越明年（一二一九年），天兵大舉西伐，道過金山。時方盛夏，山峰飛雪，積冰千尺許。上命砍冰為道以度師。金山之泉無慮千百，松檜參天，花草彌谷。從山巔望之，群峰競秀，亂壑爭流，真雄觀也。」正與此地相合。❾縛輪以下　用繩索拴牢車輪，順山勢慢慢放下去。❿臨河　靠近河岸邊。此河為烏倫古河與青吉里河交匯處。⓫從官連幕為營　隨從官員兵士之帳幕相互連接，組成營地。⓬以待鋪牛驛騎　等待牛馬飽食休息，恢復體力，再次上路。宋代對驛站的俗稱，元代亦沿襲之。元代特別重視驛站建設，州縣凡十里設一鋪，大事有專使傳送，小事文書由鋪吏傳送。鋪中備有牛馬驢車船等，其牛馬稱鋪牛、鋪馬。⓭那堪日暮碧天晴　怎能比得上夜晚之晴朗碧空。堪，能。

⑭勝槩　勝景；美景。這是一首寫景詩。八月秋風送爽，空氣清新，比不上夜晚的晴朗碧空。我想吟誦這美景苦無才思，只好空對金山上的一輪明月。⑮夜光毬　夜裡放光的圓球，比喻圓月。毬，古時用作習武或遊戲的皮球。外面包以皮革，內實以毛，縫製結實，可用足踏或杖擊。今通作球。此亦寫景詩。金山南麓大河在奔流，我在河灣處徘徊漫步欣賞金秋美景。秋水暮天月上山頭，對著圓月我獨嘯清吟。⑯拽腳牢　把腿腳束縛住，不能行動。拽，拖拉束縛之意。⑰橫截大山心腹樹　把大山深處的樹木伐倒，以便掃清通過之道路。⑱干雲蔽日競呼號　遮天蔽日的大樹紛紛倒下，競相發出悲痛的呼號。一種擬人化寫法。此詩多寫實。記述金山道路難行及伐樹過山之情景。

【語　譯】八月八日，師父帶領弟子趙九古等十人，隨從二輛車子，還有蒙古驛騎二十多人，沿著大山向西行。宣使劉仲祿和鎮海相公又率一百騎兵護送。鎮海有位隨從名叫李家奴，他說：「以前在此山下有山精，曾經剃掉我腦後的頭髮，我特別害怕。」鎮海也說：「乃滿國王也曾在此山中被山精迷惑，而把美味食品供它們食用。」丘師聽後默不作答。

向著西南方向走了約三天，又轉向東南，翻過大山，穿過大峽谷，在中秋節那天到達金山東北。稍事停留又往南行。此處之山又高又大，谷深坡長，車輛不能通過。這是蒙古大軍西征時三太子窩闊臺奉命開闢的道路。因為車輛無法通過，就命令百名騎兵挽住繫牢車轅的長繩，把車子拉上去，下山時再用繩子拴住車輪，緩緩放下去。大約走了四天，連續越過五座山嶺，走到山南側之山腳下，在靠近河岸邊處停下來住宿。隨從官員士兵之帳幕相互連接，組成營地。借助這裡水草之方便，等候牛馬飽食休息，恢復體力，數日後重新啟行。丘師作了三首絕句，第一首是：

八月秋風涼爽清新，怎比夜裡晴朗碧空。

想吟美景苦無才思，空對金山皓然明月。

第二首是：

金山南麓大河奔流，河灣處徘徊賞金秋。
秋水暮天月上山頭，對著圓月獨嘯清吟。

第三首是：

金山雖大卻不獨高，四面荊棘拖住腿腳。
伐斷大山深處樹木，巨樹倒下競相悲號。

渡河❶而南，前經小山，石雜五色。其旁草木不生，首尾七十里。復有二紅山當路。又三十里，鹹鹵地中有一小沙井❷，因駐程挹水❸為食。傍有青草，多為羊馬踐履。宣使與鎮海議曰：「此地最難行處，相公如何則可？」公曰：「此地我知之久矣。」同往諮師。公曰：「前至白骨甸❹，地皆黑石❺。約行二百餘里，達沙陀北邊，頗有水草。更涉大沙陀❻百餘里，東西廣袤❼不知其幾千里，及回紇城方得水草。」師曰：「何謂白骨甸？」公曰：「古之戰場。凡疲兵至此，十無一還，死地⑧也。頃者乃滿大勢亦敗於是⑨。遇天晴晝行，人馬往往困斃。唯暮起夜度，可過其半。明日向午⑩，得及水草矣。少憩，俟晡時⑪即行，當度沙嶺百餘，若舟行巨浪⑫然。又明日辰巳間⑬，得達彼城矣。夜行良便，但恐天氣黯黑，魑魅魍魎⑭為祟⑮。我輩常塗血馬首以厭之⑯。」師乃笑曰：「邪精妖鬼，逢正人遠避。書傳所載，其孰不知。道人家何憂此事。」日暮遂行。牛乏，皆道弃之⑰，馭以六馬⑱，自爾不復用牛矣。初在沙陀北，南望天際若銀霞⑲。問之左右，皆未詳。師曰：「多是陰山⑳。」翌日過沙陀，遇郊者，再問之，皆曰「然」。於是途中作詩云：

高如雲氣白如沙，遠望那知是眼花。
漸見山頭堆玉屑，遠觀日腳㉑射銀霞。
橫空一字長千里，照地連城及萬家。
從古至今常不壞，吟詩寫向直南誇㉒。

【注 釋】❶渡河 此處所渡河指新疆北端的烏倫古河。❷鹹鹵地中有一小沙井 鹽鹵地中間有一眼小沙井。丘等一行人越過金山，在烏倫古河上游渡河南行，其地當在今新疆青河境。由此渡河南行百里，有地名大布遜，蒙古語意為鹽，當指此鹽鹵地。稍南有哲克森井，或指此小沙井。❸挹水 舀水。沙漠地區水源難覓，遇此井水飲食後，還須舀取攜帶，以備路上之需。❹白骨甸 地名，古戰場遺跡。地在今準葛爾盆地東側之博爾騰沙漠，寬約二百里。全境乏水不毛，有數處多沙，數處多石子，石子多黑色，據說酷熱時節，大地曬得冒煙，石子會炸響，舉目一片黑色石磧，自然條件極為惡劣，幾成生命禁區，故劉宣使、田相公皆視為畏途。❺黑石 黑色石子。博塔寧《蒙古紀行》中也有相同描述。❻大沙陁 大沙漠。指準葛爾盆地中部之古爾班通古特沙漠。❼廣袤 指地域範圍長寬之數。東西曰廣，即寬度；南北曰袤，即長度。❽死地 必死之地。多為軍事用語，指己軍陷入進不能進、退不能退、守不能守的危險境地。處死地，須上下同心，拚死力戰，或有脫身之望，故兵法有「陷之死地然後生」之論。❾頃者乃滿大勢亦敗於是 前不久，乃滿大軍也是在這裡被打敗的。據《蒙古祕史》八記載，「鼠兒年」（一二一六年，丙子年）成吉思汗率軍追襲乃滿軍，在這一帶大敗之，射殺乃滿首領脫黑脫阿，餘部散逃而去。❿向午 近中午。⓫晡時 吃晚飯時。古稱申時為晡時，申時指下午三時至五時，當是古人多為一日兩餐，故晚飯時間較早。⓬若舟行巨浪 人馬經過沙嶺，就像舟船行駛在巨大的波浪間。形容沙漠地形起伏如波浪狀。俄國人皮阿色資吉亦謂此中沙山猶如海浪。⓭辰巳間 辰時與巳時之間。辰時指上午七時至九時，巳時指九時至十一時，辰巳間當指七時至十一時間。⓮魑魅魍魎 傳說中的山中精怪。⓯祟 鬼神妖物降災禍給人。古人對超自然力心存畏懼，將其擬人化為神鬼妖物，認為它們可降災禍給人，即為祟。⓰厭之 鎮壓抑制之。即通過符咒或特殊物品可以制止鬼神妖魅為害，如桃木劍驅鬼，黑狗血避邪之類。⓱道弃之 丟棄在道路上。⓲馭以六馬 用六匹馬拉車，代替牛。⓳銀霞 銀白色霞光。為山巔積雪在陽光映照下泛出之銀白色光芒。⓴陰山 指新疆境內之天山。㉑日腳 穿過雲隙下射的日光。㉒直南誇 一直向南方人誇耀。這首詩對雪山景致作了直觀描述。像空中飄浮的雪白如紗的雲氣，遠望看不清楚以為眼花。漸漸走近才見山頭積雪如堆玉屑，遠望積雪在雲隙中透出的陽光映照下泛著銀色霞光。橫空一條雪線長約千里，照徹大地城鎮和萬戶千家。從古到今永不融化，我吟詩寫實向南方人誇耀它一番。

【語譯】渡過河向南走，前面經過一座小山，山上石頭五種顏色相參雜。它的旁邊草木不生，首尾總長約七十里。接著又有兩座紅色小山擋在路上。又走三十里，在鹽鹵地中有一眼小沙井，因而在這裡停下來取水用餐。旁邊有青草，多被羊馬踐踏。劉宣使與鎮海相公商議說：「這裡是最難通行的地段，相公看怎麼辦才好？」鎮海公說：「這裡的情況我很早就知道。」他們去向丘師諮詢。鎮海公說：「前面要過白骨甸，地面上都是黑色石頭。大約要走二百多里，到達沙漠的北邊，才稍有水草。從那裡還要走過一百里大沙漠，那片沙漠東西長不知有幾千里，到達回紇人的城鎮，才能見到水草。」丘師問：「什麼叫作白骨甸？」鎮海公說：「古代的戰場。凡是疲勞之兵到達這裡，十個人之中沒有一個能活著離開，是個必死之地。不久前乃滿大軍也是在這裡被打敗的。碰上天晴白晝通過此處，人馬常常被困而死。只有晚上出發，夜裡通過，可以走過去一半路程。第二天近中午時分，可以到達有水草的地方。大家稍稍休息一下，等下午三點至五點出發，要越過一百多道沙嶺，像船行在巨浪間一樣。等第三天辰巳間，可以到達那裡的一座城鎮。夜間通行很是方便，只是擔心天色黑暗，山裡的精怪出來作祟害人。我們這些人常常把汙血塗到馬頭上，用以鎮壓抑制它們。」丘師聽後笑著說：「邪精妖鬼碰到正人君子必然遠遠逃避。書傳上都記載著，這些道理誰不知道。出家修道之人哪裡會為這種事擔憂啊。」傍晚就出發了。牛疲勞過度，都丟棄在道路上，改用六匹馬拉車，自此以後不再用牛了。起初在沙漠北面，南望天邊，好像有銀色霞光閃耀。向身旁的人打聽，都說不清為何物。丘師說：「多半是天山。」第二天走出沙漠，碰到城郊之人，再打聽那裡到底是不是天山，都說「是的」。於是丘師在途中作詩一首。詩曰：

高如雲氣白如輕紗，遠望不清以為眼花。
漸見山頭堆滿玉屑，遠觀日腳映射銀霞。
橫空一字長有千里，照地連城及於萬家。
從古到今恆久不壞，寫詩吟誦向南人誇。

八月二十七日，抵陰山❶後，回紇郊迎，至小城❷北。酋長設蒲萄酒及名果、大餅、渾蔥❸，裂波斯布人一尺❹。乃言曰：「此陰山。前三百里，和州❺也。其地大熱，蒲萄至夥❻。」翌日，沿川西行，歷二小城，皆有居人。時禾麥初熟，皆賴泉水澆灌得有，秋少雨故也。西即鼈思馬❼大城，王官、士庶、僧、道數百，具威儀遠迎。僧皆赭衣❽，道士衣冠與中國特異。泊於城西蒲萄園之上閣。時回紇王部族勸蒲萄酒，供以異花、雜果、名香，且列侏儒伎樂❾，皆中州人。士庶日益敬。侍坐者有僧、道、儒。因問風俗，乃曰：「此大唐時北庭端府❿。景龍三年⓫，楊公何⓬為大都護，有德政。諸夷心服，惠及後人，於今賴之。有龍興西寺二石刻在，功德煥然可觀。寺有佛書一藏⓭。唐之邊城，往往尚存。其東數百里，有府曰西涼⓮。其西三百餘里，有縣曰輪臺⓯。」師問曰：「更幾程，得至行在⓰？」皆曰：「西南更行萬餘里即是。」其夜風雨作，園外有大樹。復出一篇示眾云：

夜宿陰山下，陰山夜寂寥⓱。
長空雲黯黯，大樹葉蕭蕭⓲。
萬里途程遠，三冬氣候韶⓳。
全身都放下，一任斷蓬飄。

【注釋】❶陰山　此指天山山脈東支的博格達山，高處終年積雪，博格達峰高達五四四五公尺，距烏魯木齊市約七十公里。❷小城　順博格達山西行，至鼈思馬，途經三小城。據《元和郡縣志・庭州》載，有郝遮鎮、鹽泉鎮、特羅堡子，或指此。《元史》又記有獨山城，亦為三城之一，元代變名也。❸渾葱　洋葱。❹裂波斯布

人一尺　裁開一尺長波斯布。此布或作哈達之用。如今藏族或部分蒙古族用作迎送、饋贈、敬神或日常交往禮節的絲巾，表示敬意和祝福。長短不一，以白色為主，亦有紅色、黃色和淺藍色的。古回紇族或亦有此習俗。❺和州　即火州。元代指稱新疆吐魯番一帶為和州。隋唐時為高昌國。在今吐魯番城東南約六十里之三堡，尚存古城遺跡。❻至夥　甚多。❼鼈思馬　古地名，又作別石把、別什巴里、伯什巴里，皆不同音譯。突厥語，伯什為五，巴里為城，意譯為五城。唐代設北庭都護府於此，元代置北庭都元帥府。在今烏魯木齊市北百餘公里處。❽僧皆赭衣　僧人都穿赤褐色僧衣。此僧人當指今之紅教喇嘛，其黃教喇嘛始於宗喀巴，起於明永樂時也。❾侏儒伎樂　身材極矮小的雜耍藝人和樂舞班子。❿北庭端府　即北庭都護府，端即都護合音。唐置六大都護府，負責統轄邊遠諸國，此其一也。⓫景龍三年　為西元七〇九年。景龍為唐中宗李顯年號。⓬楊公何　楊何，其名未見《新唐書·方鎮表》。⓭佛書一藏　佛典分經、律、論三藏，「佛書一藏」泛指藏有數量可觀的佛典。藏，佛道經典之總稱。藏為包含、蘊積之意。言經典中包含蘊積無量法義。⓮西涼　《元史·地理志》：甘肅省永昌路，唐涼州，宋初為西涼府，景德中陷入西夏，元初仍為西涼府。又據張星烺注認為此非指甘肅之涼州，當另有所指。因涼州在此城東南二千多里外，與所載「其東數百里」出入太大，不當有此誤。⓯輪臺　地名。在別什把西三百二十里，亦有作二百餘里，約為今新疆阜康之古牧地堡，位天山之北，與今天山南麓之輪臺非一地也。⓰行在　皇帝所到之處。⓱寂寥　虛無靜寂。⓲蕭蕭　風聲。此指風吹樹葉發出的聲音。⓳韶光，即春光，形容氣候溫暖宜人。

【語　譯】八月二十七日，到達天山之後，回紇人出城郊迎接，直至小城之北。回紇首領擺設葡萄酒及當地著名水果、大餅、洋蔥，還獻給每人一尺波斯布。然後他說：「此地屬天山山脈。再往前行三百里就是和州。那裡天氣特別炎熱，出產葡萄特別多。」第二天，沿著山腳下平川地西行，經過兩個小城，都有人居住。當時禾麥剛好成熟，都依賴泉水澆灌，才有好收成，因為這裡秋季缺少雨水之故啊。再往西行就到了鼈思馬大城，王國官員、士紳與平民、僧人、道士數百人，儀態莊重的遠出迎接。僧人都穿赤褐色僧衣，道士的衣冠也與中原道眾大不同。丘等一行人住在城西葡萄園內的小樓上。時常有回紇王的部下、族人前來勸飲葡萄酒，供獻奇異鮮花、各種果品、名貴香料，還安排雜耍藝人、樂舞班為大家表演，表演者都是中原人。士紳與平民對丘師日益敬重。陪侍丘師的人有僧人、道士、儒士。丘詢問這裡的風俗歷史情況，回答說：「此地大唐時設置北庭都護府。唐中宗景龍三年，楊公何任大都護，有仁德的政績。周圍不同民族人都衷心擁戴他，其恩惠及於後代，到現在仍受其惠。這裡龍興寺西有二石刻，上面所刻有楊公何的功德，光彩煥然，值得一看。寺中還藏有佛書一藏。唐代修築的邊城，現在還往往有保存下來的。從此往東數百里，有府城名西涼。往西三百餘里有縣城，名曰輪臺。」丘師問曰：「還有多少路程，可到皇帝所住之處？」大家都說：「往西南再行萬餘里就是了。」這天夜裡又刮風又下雨，園外大樹在風雨中發出蕭蕭鳴聲。丘師又作一首詩，給眾人傳看。詩曰：

夜宿陰山腳下，山夜寂靜空虛。
長空稠雲昏暗，風吹樹葉蕭蕭。
萬里途程遙遠，三冬氣候溫和。
全身心都放下，一任斷蓬飄搖。

九月二日，西行。四日，宿輪臺之東，迭屑[1]頭目來迎。南望陰山三峰，突兀倚天❷。因述詩贈書生李伯祥，生相人❸。詩云：

三峰並起插雲寒，四壁橫陳遶澗盤。

雪嶺界天人不到，冰池耀日俗難觀。人云，向此冰池之間觀看，則魂識昏昧。

巖深可避刀兵害，其巖險固，逢亂世堅守，則得免其難。水眾能滋稼穡乾。下有泉源，可以灌溉田禾，每歲秋成。

名鎮北方為第一❹，無人寫向畫圖看❺。

又歷二城。重九日❻，至回紇昌八剌城❼。其王畏午兒❽與鎮海有舊，率諸部族及回紇僧皆遠迎。既入，齋於臺上。洎❾其夫人勸蒲萄酒，且獻西瓜，其重及秤❿。甘瓜如枕許⓫，其香味蓋中國未有也。園蔬同中區⓬。有僧來侍坐，使譯者問看何經典。僧云：「剃度受戒，禮佛為師。」蓋此以東，昔屬唐，故西去無僧道，回紇但禮西方⓭耳。翌日，並陰山而西。約十程，又度沙場。其沙細，遇風則流，狀如驚濤，乍聚乍散，寸草不萌，車陷馬滯，一晝夜方出。蓋白骨甸大沙分流也，南際陰山之麓。踰沙又五日，宿陰山北。詰朝⓮南行，長坂七八十里，抵暮乃宿。

天甚寒，且無水。晨起，西南行約二十里，忽有大池方圓幾二百里，雪峰環之，倒影池中，師名之曰天池⑮。沿池正南下，左右峰巒峭拔，松樺陰森，高踰百尺，自巔及麓，何啻⑯萬株。眾流入峽，奔騰洶湧，曲折彎環，可六七十里。二太子扈從西征⑰，始鑿石理道，刊木⑱為四十八橋，橋可並車。薄暮宿峽中。翌日方出，入東西大川。水草豐秀，天氣似春，稍有桑棗。次及一程⑲。

【注釋】❶迭屑　波斯人稱景教徒為迭屑。景教為基督教的一個分支，五世紀初敘利亞人首創，唐代傳入中國，並建寺院，後又遭禁。信奉者主要是西域人。迭屑有時亦指拜火教徒。還有以為族名，為回族之一支，如此處所指。❷突兀倚天　高崇近天。形容山峰高峻陡峭。此三峰指博格達山的三座終年積雪的高峰，海拔約四千二百多公尺。❸生相人　書生李伯祥為相州（今河南安陽）人。❹名鎮北方為第一　唐代北方政績第一位的方鎮高官。❺無人寫向畫圖看　沒有人將其像畫到凌煙閣上。我國古代朝廷為表彰功臣，建凌煙閣，繪功臣圖像在上面。❻重九日　農曆九月九日，為重陽，亦稱重九，民間有登高之俗，流傳至今。❼昌八剌城　回紇古城。又作彰八里、昌八里，所指皆一。八里或八剌，意譯為城。其地在天山北麓，往伊犁之大道間，今已湮滅，故址在今昌吉縣境。❽畏午兒　民族名，又作畏吾兒，即今維吾爾族。唐稱回紇。唐末，回紇衰亂，部族西遷，散居於今新疆東南部。西元一二〇九年，歸屬蒙古帝國，稱畏吾兒。❾洎　同「暨」。與也。❿其重及秤　瓜的重量達到秤的限量，無法稱出。⑪瓜如枕許　瓜的大小同枕頭一般大。古時枕頭長圓形，長二尺，徑八寸。此瓜即今之哈密瓜，當地稱甜瓜。⑫中區　中原地區。⑬禮西方　向西方祈禱、朝拜。回紇人信仰伊斯蘭教，聖地在麥加，即今沙特阿拉伯（即沙烏地阿拉伯）境內，於此為西方。⑭詰朝　明天早晨。⑮天池　指賽里木湖。在今新疆伊寧北偏西七十公里之高山中。周長約八十八公里，海拔二〇七三公尺，鹽分很高。耶律楚材《西遊錄》亦載此山頂之湖。⑯何啻　何止。⑰二太子扈從西征　二太子察合臺隨從成吉思汗西征。察合臺（？～一二四二年），成吉思汗第二子，曾參加攻打金國及中亞各地的戰爭。一二一九年，反對兄長朮赤繼汗位，推舉窩闊臺為嗣。以善決斷、處事公平著稱。為四大汗國之察合臺汗國創建者。⑱刊木　砍伐樹木。⑲次及一程　稍作停留休整，又繼續前行一日。

【語譯】九月二日，出發西行。九月四日，在輪臺縣東住宿。景教長老一行人前來迎接。南望陰山三座高峰，高插雲天。丘師因此而吟詩述懷，贈與同來的書生李伯祥，李為相州人。詩云：

三峰並起直插雲天，四壁橫陳繞澗盤旋。

雪嶺界天人跡不到，水池耀日俗人難觀。（有人說，向此水池之間觀看，就會精神昏迷。）

巖深可避刀兵禍害，（這裡山崖險要牢固，遭逢亂世可憑險堅守，免遭災難。）水多能解莊稼乾旱。（巖下有泉水，可灌溉田中禾苗，使每年秋季都有好收成。）

北方方鎮第一好官，無人畫像凌煙閣上。

又經過二座城鎮，九月九日重陽節這一天，到達回紇之昌八剌城。回紇王畏午兒與鎮海有舊交，親自率領眾部族及回紇教眾出王宮遠迎。進宮後，在臺上擺設齋宴。國王與夫人同來勸飲葡萄酒，還獻上西瓜，其瓜重超過秤的限量，未能稱出。甘瓜如枕頭一般大，其香甜大約是中國所未有的。菜園中的蔬菜種類與中原地區相同。教徒前來陪坐，丘師請翻譯問他們看何種經典。回答說：「剃度受戒，禮佛為師。」大概從這裡往東，從前歸屬唐朝，往西便沒有佛教和道教，回紇人信奉伊斯蘭教、景教等，向西方祈禱朝拜。第二天，傍陰山向西行。約行十日，又越過一片沙漠。沙很細，遇到刮風便流動，狀如大海驚濤，忽聚忽散，寸草不生，車馬陷滯難行，用了一晝夜工夫才走出去。這裡大概是白骨甸大沙漠的分支，南面與陰山山麓相接界。越過沙漠又走五天，住宿在陰山之北。第二天早起南行，通過七八十里長斜坡，到晚上住宿。這裡天氣非常寒冷，而且沒有水。早晨起來，向西南行，約走二十里，忽見一大水池，周圍長約二百里，雪峰環繞，倒影池中，丘師稱之曰天池。沿著天池的正南方下行，左右兩面峰巒陡峭高聳，松樺林陰森茂密，高過百尺，由山頂到山下何止萬株。眾山溪匯入峽谷，奔騰洶湧，曲折彎環，可達六七十里。前此二太子察合臺隨從成吉思汗西征，始在此鑿石鋪路，砍伐木材架橋四十八座，橋面可並車通行。天剛黑時在峽中住宿。第二天剛走出山峽，見一東西流向大河。河兩岸水草豐美，天氣溫暖如春，偶有桑樹和棗樹。稍作停留休整，又繼續向西走了一日。

九月二十七日，至阿里馬城❶。鋪速滿❷國王暨蒙古荅剌忽只❸領諸部人來迎。宿於西果園。土人呼果為阿里馬，蓋多果實，以是名其城。其地出帛，目曰禿鹿麻❹，蓋俗所謂種羊毛織成者❺。時得七束為禦寒衣。其毛類中國柳花❻，鮮潔細軟，可為線、為繩、為帛、為綿。農者亦決渠灌田。土人唯以瓶取水，戴而歸。及見中原汲器❼，喜曰：「桃花石❽諸事皆巧。」桃花石謂漢人也。師自金山至此，以詩記其行云：

金山東畔陰山西，千巖萬壑攢深溪。
溪邊亂石當道臥，古今不許通輪蹄❾。
前年軍興二太子，修道架橋徹溪水。（三太子修金山，二太子修陰山。）
今年吾道欲西行❿，車馬喧闐⓫復經此。
銀山鐵壁千萬重，爭頭競角⓬誇清雄。
日出下觀滄海近，月明上與天河通。
參天松如筆管直，森森⓭動有百餘尺。
萬株相倚鬱蒼蒼，一鳥不鳴空寂寂。
羊腸孟門壓太行⓮，比斯大略猶尋常。
雙車上下苦敦攧⓯，百騎前後多驚惶。

天池海在山頭上，百里鏡空含萬象。
懸車束馬西下山，四十八橋低萬丈。
河南海北山無窮，千變萬化規模同。
未若茲山太奇絕，磊落⑯峭拔加⑰神功。
我來時當八九月，半山已上皆為雪。
山前草木暖如春，山後衣衾冷如鐵。

【注釋】❶阿里馬城　又作阿力麻里。當地人稱蘋果為阿里馬，此城周圍盛產蘋果，故有此名。阿里馬城為當時從準葛爾進入伊犁河谷的重要驛站，察合臺汗國都城。遺址在今新疆西北部霍城境內。❷鋪速滿　又作沒速魯蠻，意為伊斯蘭教徒，或即今穆斯林之古譯音。❸荅刺忽只　達魯花赤之異音。意譯為掌印官。成吉思汗十八年初置，為元代特有官職，多由蒙古人擔任，在征服區之路、府、州、縣任正職，掌實權，另設路、府、州、縣官為副職，受其節制。❹禿鹿麻　棉布。棉為一年生草本植物，七世紀由印度傳入。《南史・西域・高昌傳》載：「有草實如繭，繭中絲如細纑，名曰白疊子。國人取織以為布，布甚軟白。」唐末，回紇遷北庭，即在這一帶。❺俗所謂種羊毛織成者　民間傳言此布是用種出的羊毛織成的。因棉花傳入中原較晚，人多不知其詳，故有「壠種羊」之誤傳。如劉郁《西使記》載：壠種羊出西海，羊臍種土中，溉以水，聞雷而生，臍繫地中。及長，驚以木，臍斷嚙草，至秋可食，臍內復有種。劉祁《北使記》云：其衣衾茵幙，悉羊毳也，其毳植於地。如此等等。❻柳花　柳絮。❼汲器　引水取水用具。❽桃花石　古代中亞人對中國之稱，為音譯。隋時，東羅馬史家席摩喀塔稱中國為陶各司國，中世紀伊斯蘭教徒稱為湯姆格笈，與桃花石音皆相近，當為不同音譯。又，元代西域人稱契丹為唐喀氏，音亦相近，皆為當時西方諸國對中國之稱謂。❾輪蹄　車馬。❿吾道欲西行　我們道教要傳向西方。⓫喧闐　形容車馬眾多，人嚷馬嘶，喧譁哄鬧的場景。⓬爭頭競角　爭相顯露頭角。對群峰爭秀的一種擬人化寫法。⓭森森　高聳茂密。⓮羊腸孟門壓太行　細如羊腸的孟門關隘控制著太行山要路。羊腸，形容山路崎嶇狹小難行。孟門，古關隘名，在今河南輝縣西，太行山東。地勢險要，為古代進兵要路。⓯敦攧　即頓顛，顛仆困頓。⓰磊落　山勢高大。⓱加　有的版本作「如」。

【語　譯】九月二十七日，到達阿里馬城。鋪速滿國王和蒙古掌印官荅剌忽只率領各部官員前來迎接。在西果園住宿。當地人呼蘋果為阿里馬，大概因為這裡盛產蘋果，故以蘋果名其城。此地出產棉布，名之曰禿鹿麻，大概就是民間傳說用種出的羊毛織成的。當時我們得到了七束，用作禦寒之衣。此棉之絮類似中國的柳絮，鮮潔細軟，可用作紡線、製繩、織布、作綿絮。農夫也開決河渠灌溉田園。當地人只用瓶取水，頭頂而回。等到見了我們從中原帶來的取水器具，都高興地說：「桃花石作什麼事都巧妙。」桃花石就是指漢人。丘師一行由金山走到此地，用詩記其所行。詩曰：

金山東側陰山之西，千巖萬壑間橫深溪。
溪邊亂石當道亂臥，古今不通車輛馬匹。
前年二太子由此進軍，修路架橋跨越溪水。（三太子修建金山段，二太子修建陰山段。）
今年道教傳往西方，車馬喧鬧再經此地。

銀山鐵壁千萬重，爭頭角顯高潔雄奇。
日出下觀滄海臨近，月明上與天河相通。
參天巨松直如筆管，高聳搖動百尺有餘。
萬株相依鬱鬱蒼蒼，一鳥不鳴空山寂靜。
孟門關隘控制太行，比此大概也很平常。
雙車上下顛仆困頓，百騎前後多有驚恐。
天池如海在山頂上，百里明鏡蘊藏萬象。
懸車拴馬在西山下，四十八橋低此萬丈。
河南海北高山無窮，千變萬化規模大同。
不如此山太過奇絕，高大峭拔猶如神功。
我來此地當八九月，半山以上皆為冰雪。
山南草木溫暖如春，山北衣被寒冷如鐵。

連日所供勝前。又西行四日，至荅剌速沒輦[1]，（沒輦，河也。）水勢深闊，抵西北流，從東來，截斷陰山，河南復是雪山。十月二日，乘舟以濟。南下至一大山，北有一小城。又西行五日，宣使以師奉詔來，去行在漸邇，先往馳奏❷，獨鎮海公從師。西行七日，度西南一山，逢東夏使❸迴，禮師於帳前，因問來自何時。使者曰：「自七月十二日辭朝，帝將兵追筭端汗❹至印度。」明日，遇大雪，至回紇小城。雪盈尺，日出即消。十有六日，西南過板橋渡河。晚至南山下，即大石林牙❺，（大石，學士。林牙，小名。）其國王遼後也。自金師破遼，大石林牙領眾數千走西北，移徙十餘年，方至此地。其風土氣候，與金山以北不同。平地頗多，以農桑為務，釀蒲萄為酒，果實與中國同。惟經夏秋無雨❻，皆疏河灌溉，百穀用成。東北西南，左山右川，延袤萬里，傳國幾百年❼。乃滿失國，依大石，士馬復振，盜據其土，繼而筭端西削其地。天兵至，乃滿尋滅，筭端❽亦亡。又聞前路多阻，適壞一車，遂留之。十有八日，沿山而西。七八日，山忽南去，一石城當途❾，石色盡赤，有駐軍古跡。西有大塚，若斗星相聯。又渡石橋，並西南山行五程，至塞藍城❿，有小塔。回紇王來迎入館。

十一月初，連日雨大作。四日，土人以為年⑪，旁午相賀。是日，虛靜先生趙九古⑫語尹公⑬曰：「我隨師在宣德時，覺有長往之兆⑭，頗倦行役。嘗蒙師訓，道人不以死生動心，不以苦樂介懷，所適無不可。今歸期將至，公等善事父師。」數日示疾⑮而逝。蓋十一月五日也。師命門弟子瘞九古於郭東原上⑯，即行。

【注釋】❶荅剌速沒輦　荅剌速河。沒輦，蒙語河之音譯。荅剌速河即伊犁河，《西遊錄》載，阿里馬城西「有大河，曰亦列。」亦列即伊利，同指此河。❷馳奏　快速前往奏報。❸東夏使　東夏使者。有說東夏指金國，但本書稱金國為「河南」，此或另有所指。王國維以為指蒲鮮萬奴之使者。《元史・太祖紀》：十年冬十月，金宣撫蒲鮮萬奴據遼東，僭稱天王國，號天真，改元天泰。十一年冬十月，蒲鮮萬奴降，以其子帖哥入侍。既而復叛，僭稱東夏。王說或是之。❹筭端汗　伊斯蘭教國家君主之通稱，亦作蘇丹。此或指花剌子模國王札蘭丁。據《聖武親征記》載，壬午（當為辛巳，一二二一年）年夏，成吉思汗派哲別等追擊叛敵花剌子模部，數戰皆不利。後親征至辛目連河（印度河），大勝敵軍。國王札蘭丁入河游水逃脫。正為此段歷史。❺大石林牙　遼代王族，名耶律大石，字重德，為遼太祖八代孫，官至翰林承旨。遼以翰林為林牙，故稱大石林牙。金遼滅前，大石與天祚帝失和，率部眾逃往漠北，展轉征戰十一年，至高昌落腳，建立西遼國，都城在虎思斡耳朵（今吉爾吉斯之比什凱克城），當時即以大石林牙為城名。其王朝存在近百年。❻夏秋無雨　夏秋兩季無雨水。《通典》卷一九三：從碎葉川至西海，自三月至九月，天無雲雨，皆以雪水種田。所指即此。❼幾百年　將近百年。

大石林牙於甲辰（一一二四年）年即位，在位二十年，由皇后塔不煙接任，在位七年。子夷列即位，在位十三年。妹普速完接任，在位十四年。夷列次子直魯古即位，在位三十四年，乃蠻屈出律發動兵變，擒直魯古，奉為太上皇，直至其死，共九十餘年，將近百年也。❽筭端　此指花剌子模國王。❾一石城當途　一座石頭城擋在路中。此石城《西遊錄》以為塔剌思城。丁謙以為今之奧利阿塔城，《元史》作「訛答剌」。《西域史》載：元兵攻此城，守兵五萬盡殲，故城西有大冢如星斗。《西使記》作「塔剌寺」，蓋以城近塔剌斯河得名。有的學者認為此即哈薩克的江布爾城。❿塞藍城　中亞古城，在今烏茲別克南部塔什干與奇姆肯特城之間。又說在奇姆肯特城東十二英里之賽剌木小城。⓫土人以為年　當地回族以為新年。十一月四日，陽曆為十一月二十日。據說此節日應在十八日，此推算有誤。蓋因回人不用推算，而以初見新月之日為一月之首日。十一月初，連日大雨，未見新月，四日乃見，故以此日為年。⓬趙九古　名道堅，道號虛靜。丘處機弟子。⓭尹公　尹志平，長春弟子，後為全真教掌門。⓮長往之兆　一去不返之兆，即對死亡之預感。⓯示疾　得病；發病。⓰郭東原上　城東高地上。

【語　譯】連日來所供應的食物、用品勝過以前。又往西走了四天，到達伊犁河。（沒輦，河也。）河水又深又寬，從東面截斷陰山過來，向西北方流去，河南岸還是雪山。十月二日，乘船過河。南下至一大山，山北有一小城。又西行五天，劉宣使因丘師奉詔而來，距離皇帝的行宮漸近，故先往急速奏報，只有鎮海公陪丘師同行。又西行七日，過西南一山，碰見東夏使者返回本國，在營帳前拜見，丘師問他們何時從皇帝那裡回來的。使者回答說：「七月十二日辭朝返回，皇帝便統兵去追擊花剌子模王札闌丁，直至印度。」第二天，遇大雪，到一回紇小城。雪厚足有一尺，日出很快消融。十六日，西南行，遇板橋過河。晚間到達南山下，就是大石林牙城，（大石，學士。）

林牙，小名。）其國王為遼王朝的後代。自金國滅遼前，大石林牙率領部眾數千人出走西北，遷移征戰十餘年，才到達此地。這裡的風土氣候與金山以北地區不同。平地很多，以農桑為業，釀造葡萄酒，水果糧食與中國相同。只是夏秋無雨，都靠疏通河渠灌溉，百穀才得以長成。其國土東北西南走向，左面是山，右面是河，綿延近萬里，傳國將近百年。乃滿王失國後，投靠大石林牙，軍馬復振，反而竊據了大石國土，接著花剌子模王又占領了其國西部土地。直至成吉思汗的蒙古大軍到來，乃滿國接著滅亡，花剌子模國亦亡。又聽說前面路途多阻，恰好有一輛車子壞了，就留下來休息。十八日，沿山西行。走了七八天，山忽然轉向南去，有一座石頭城擋在路上，石頭的顏色都是紅色，還有古代駐兵遺跡。城西有一大片墳墓，墓頭如星斗相連。又走過石橋，向西南方向走了五天，到達賽蘭城，城中有小塔。回紇王前來迎接，大家進入驛館。

十一月初，連日天降大雨。四日，當地人以為過年，臨近中午時相互慶賀。這一天，虛靜先生趙九古對尹志平說：「我跟隨師父在宣德時，就有將死的預兆，不想隨侍西行。承蒙師父教誨，修道之人不為生死動搖信念，不把苦樂放在心中，所往無所不可。現在歸期將至，你們要好好侍奉師父。」數日後病發而死，大約是十一月五日。師父命本門弟子把九古葬在城東高地上，隨即起程。

五 會見成吉思汗

【題 解】這部分可分為三大段。㈠辛巳（一二二一年）十一月初，到達賽蘭城，距成吉思汗駐地漸近，但因時有戰事，成吉思汗常常率兵出征，居無定處。為尋找行在，聯繫召見時間和地點，又繼續向西南方向前行。十一月十八日到達邪米思干。年末得知皇帝駐蹕大雪山之東南，因道路雪深難行，便在邪米思干等候。壬午（一二二二年）三月上旬，阿里鮮來傳旨召見，三月十五日啟行，四月初到達大雪山行宮。輾轉約半年時間，才得相見。㈡四月五日，皇帝首次召見，定於十五日再召，因追剿山賊而延誤。丘師等返回邪城舊館等待。八月七日再召見，二十二日至行宮，見面，九月十五日，正式問道，十九日、二十三日又談兩次，成吉思汗很滿意，命左右作了記錄，又用漢字記載下來，「意示不忘」。談話的內容，因守成吉思汗「使勿泄於外」禁令而省略，具體載入耶律楚材所編《玄風慶會錄》中。此段前後共六個月。㈢十月，成吉思汗率部東進，丘師隨軍備詢問，途中時有召見，談及孝道的重要，天道好生之理等，甚被尊重。癸未（一二二三年）二月七日，行至賽蘭城附近，師請辭行，後又反覆請辭，獲准，三月十日辭朝東歸。共約五個多月。從壬午年四月初召見，到癸未年三月初辭朝東歸，丘在成吉思汗左右約一年時間，通過言行宣傳其儒道佛合一的治道理想，對成吉思汗的治世之道發揮一定影響，也達到了此次西行的基本目的。

西南復三日，至一城❶。其王亦回紇，年已耄矣❷。備迎送禮，供以湯餅❸。明日，又歷一城❹。復行二日，有河，是為霍闡沒輦❺。由浮橋渡，泊於西岸。河橋官獻魚於田相公，巨口無鱗❻。其河源出東南二大雪山❼間，色渾而流急，深數丈，勢傾西北，不知其幾千里。河之西南，絕無水草者二百餘里❽。即夜行。復南望大雪山而西，山形與邪米干❾之南山相首尾。復有詩云：

造物崢嶸❿不可名，東西羅列自天成。
南橫玉嶠⓫連峰峻，北壓金沙⓬帶野平。
下枕泉源無極潤⓭，上通霄漢有餘清。
我行萬里慵開口，到此狂吟不勝情。

又至一城⓮，得接水草。復經一城，回紇頭目遠迎，飯於城南，獻蒲萄酒，且使小兒為緣竿舞刀之戲⓯。再經二城，山行半日，入南北平川，宿大桑樹下，其樹可蔭百人。前至一城，臨道一井，深踰百尺。有回紇叟，驅一牛挽轆轤汲水以飲渴者。初帝⑯之西征也，見而異之，命蠲⑰其賦役。

【注釋】❶一城　此城即塔什干。《明史》作「迭什干」，古稱石國。地處中西交通要道，自古與中國有交往，為中亞重要古城，十二至十六世紀古跡甚多，現為烏茲別克首都。❷耄矣　八九十歲了。《禮記・曲禮》：「八十九十曰耄。」❸湯餅　湯煮的麵食。❹又歷一城　丁謙以為畢斯肯特城。❺霍闡沒輦　又作忽章河、火站河，即今錫爾河。此河源出中天山，在費爾干納盆地東部，由納倫河和卡拉河匯合而成。在塔什干西南與奇爾奇克河併流，經克孜爾沙漠，注入鹹海，全長三千多公里。❻巨口無鱗　一種大鯰魚。據今人遊歷家記載，錫爾河現在仍產此魚。❼東南二大雪山　張星烺注以為「錫爾河發源於亦息渴兒湖南方塔斯克爾塔山及葱嶺之間」，則「二大雪山」當即指此二山。❽絕無水草者二百餘里　指克孜爾庫姆沙漠，突厥語為「紅沙漠」，在錫爾河與阿姆河之間，烏茲別克、哈薩克和塔吉克境內。面積三十萬平方公里，由東南向西北傾斜，內有封閉之盆地和孤山。❾邪米干　即邪米思干，又作尋思干，突厥語為「肥城」，《元史・地理志》作撒馬耳干。中世紀為中西交通要道，附近有十四至十七世紀清真寺、陵墓建築等古跡甚多。今稱撒馬爾罕，為烏茲別克中部重要城市。❿崢嶸　異乎尋常；非凡的。⓫玉嶠　潔白如玉的尖峭山嶺。對路旁雪山的描畫之語。嶠，尖峭的高山。⓬北壓金沙　北面迫近漫漫黃沙。金沙，形容黃色沙漠。⓭下枕泉源無極潤　下枕錫爾河，獲得無窮的滋潤。⓮又至一城　王國維以為今烏剌塔白城，古為東曹國；丁謙以為穆爾匝喇巴特城。二者音相接近，或所指為同地也。⓯緣竿舞刀之戲　少兒爬竿、舞刀之類雜技武術表演。⓰帝　指成吉思汗。⓱蠲　免除。

【語譯】向西南方又走了三天，來到一城。這裡的國王也是回回人，已經很老，有八九十歲了。

他們用周到的禮儀迎接我們，還用湯煮的麵食招待我們。明天，又過了一座城。又走了二日，見到一條大河，就是霍闌河。經浮橋過河，駐紮在河西岸。守橋官員獻魚給鎮海相公，這種魚嘴很大，沒有鱗。這條大河發源於東南方兩大雪山之間，河水渾濁，流速很疾，水深數丈，傾注於西北方，不知有幾千里長。河之西南方，是二百多里水草皆無的沙漠。就在夜裡出發。再南望大雪山向西延伸，山勢與邪米思干之南山首尾相聯。丘師又賦詩云：

造物主非凡不可說，東西羅列自然天成。
南橫雪嶺連綿峻峭，北迫沙漠荒涼平曠。
下枕大河受盡滋潤，上通雲漢猶有餘清。
我行萬里懶於開口，到此狂吟情不自禁。

又至一城，得與水草相接。又經過一城，回紇首領出城遠迎，在城南就餐，獻上葡萄酒，還安排小孩表演爬竿、武術等娛樂節目。又經過兩座城，在山中走了半日，進入南北走向的平川大路，在一棵大桑樹下住宿，這棵樹下可以庇蔭一百多人。前行又至一城，臨近路邊有一口井，井深超過一百尺。有一回回老者，驅趕一頭牛拉動轆轤汲水，供渴者飲用。當初成吉思汗西征過此，見此甚為奇怪，下令免除老者的捐稅和勞役。

仲冬❶，十有八日，過大河至邪米思干大城之北。太師移剌國公❷及蒙古、回紇帥首❸載酒郊迎，大設帷幄❹，因駐車焉。宣使劉公以路梗留坐中，白師曰：「頃知❺千里外有大河，以舟梁渡，土寇壞之。況復已及深冬，父師似宜來春朝見。」師從之。少焉，由東北門入。其城因溝岸為之❻。秋夏常無雨，國人疏二河入城，分遶巷陌，比屋得用。方筭端氏之未敗也，城中常十萬餘戶。國破而來，存者四之一，其中大率多回紇人，田園自不能主❼，須附漢人及契丹、河西❽等。其官長亦以諸色人❾為之。漢人工匠雜處城中。有岡高十餘丈，筭端氏之新宮❿據焉。太師先居之，以回紇艱食，盜賊多有，恐其變出，居於水北⓫。師乃住宮，嘆曰：「道人任運逍遙，以度歲月，白刃臨頭猶不畏懼，況盜賊未至，復預憂乎。且善惡兩途，必不相害。」從者安之。太師作齋，獻金段十，師辭不受。遂月奉米、麵、鹽、油、果、菜等物，日益尊敬。公見師飲少，請以蒲萄百斤新作釀⓬。師曰：「何必酒邪⓭！但如其數得之待賓客足矣。」其蒲萄經冬不壞。又見孔雀、大象，皆東南數千里印度國物。師因暇日，出詩一篇云：

二月經行十月終⑭，西臨回紇大城墉⑮。
塔高不見十三級，以甎刻鏤，玲瓏⑯，外無層級，內可通行。山厚⑰已過千萬重。
秋日在郊猶放象⑱，夏雲無雨不從龍⑲。
嘉蔬麥飯蒲萄酒，飽食安眠養素慵⑳。

【注釋】❶仲冬　農曆十、十一、十二月為冬季，中間的十一月稱仲冬。❷太師移剌國公　指耶律阿海。移剌即耶律。阿海為遼故族，其父耶律脫迭兒曾任尚書奏事官。阿海勇略過人，善騎射，通數種語言。隨成吉思汗攻西域，下蒲華、尋思干等城，並留監此城，專任撫綏之責。以軍功拜太師，行中書省事。《元史》有傳。一說指耶律楚材，恐不確。❸帥首　軍中首領之統稱。❹帷幄　軍中帳幕。❺頃知　不久前聞知。❻其城因溝岸為之　此城城牆憑護城河之堤岸構築而成。❼田園自不能主　回紇人不能作自己田園的主人，必須依附於漢人、契丹人或西夏人。❽河西　此指西夏人，多居於邪米思干城。❾色人　色目人。色目一詞初見於唐代，為「各色名目」之意。元代通稱西方各民族為色目人，因其膚色、眼睛的顏色不同於黃種人，故稱色目人。諸色目人指哈剌魯、欽察、唐兀、阿速、康里、畏吾兒、乃蠻、回回等三十一種民族。元代蒙古統治者將其治下之民分為四等。稱本族諸姓為蒙古人，地位最高。其次為色目人。再次為漢人，最低為南人。色目人僅低於蒙古人，故多有為官者。❿筭端氏之新宮　回紇王新建之宮殿，或指此城內西部山上之衛城，所謂阿兒克者。⓫水北　錫爾河北岸。⓬新作釀　重新釀造。⓭何必酒邪　何必釀造新酒啊。⓮二月經行十月終　辛巳年二月從宣德（今宣化）出發，行經十個月，十一月十八日到達邪米思干。「十月終」即用了十個月也。⓯大城墉　邪米思干大城的城牆。⓰玲瓏　空明剔透。⓱山厚　山山相聯，無窮無盡。⓲放象　大象散放在郊野。⓳不從龍　不聽從龍意而降水。⑳養素慵 保養得比往常懶散怠惰。

【語譯】農曆十一月十八日，過了一條大河，到達邪米思干大城城北。太師耶律阿海和蒙古、回紇的軍中將領帶著酒出城郊迎接，他們搭建許多帳幕，丘師一行停車與他們相見。宣使劉仲祿因道路梗阻留下來，他對丘師說：「不久前聞知千里外有一條大河，河上用船搭建的渡橋被土匪破壞了。況且又到了深冬，父師似乎應當來年春天再去朝見。」丘師同意了。過了一會，大家由東北門入城。此城城牆是憑靠護城河堤構建而成的。這裡夏秋兩季常常無雨，國人疏通二條河，引水入城，環繞街巷，臨近的住戶都得以取用。原來回紇王朝未敗亡之前，城中居民有十多萬戶。國破以來，倖存者只有四分之一了，其中大多數為回回人，他們不能獨自耕種田園，必須依附於漢人或契丹人、西夏人等。長官也由諸色目人充任。漢人工匠雜居在城內。城中有一十丈高崗，為回紇王新宮所在地。太師阿海先居於此，後因回民大眾飲食艱難，盜賊多發，擔心發生變故，又移居河北岸。丘師一行就住在新宮內，他感嘆說：「修道之人任憑命運安排，自在逍遙以度歲月，白刃臨頭猶不畏懼，何況盜賊未至，何需預先擔憂啊。而且行善作惡兩者各行其路，必定不會相害。」隨從之人聽後也都安下心來。太師為他們備好齋飯，又獻金十段，丘師辭謝不肯接受。接著按月送來米、麵、鹽、油、果、菜等物，對丘師越來越尊敬。太師阿海見丘師飲酒很少，提議用一百斤葡萄釀製新酒。丘師說：「何必再釀新酒啊，但願得到原來那些酒，用以招待賓客就足夠了。」這裡產的葡萄經過一個冬天也不壞。又看見有孔雀、大象，都是東南數千里外印度國的產物。丘師因閒暇，作詩一篇云：

二月出發用時十月，來到回紇大城之西。
塔高看不清十三層，（用磚建造，上有雕刻，玲瓏剔透，塔外不分層，內可上下通行。）山勢連綿已過萬重。
秋日郊野散放大象，夏雲不雨不從龍神。
嘉蔬麥飯加葡萄酒，飽食安眠養得懶散。

師既住冬，宣使洎❶相公鎮海遣曷剌❷等，同一行使臣，領甲兵數百前路偵伺。漢人往往來歸依，時有筭曆者❸在旁，師因問五月朔日食事。其人云：「此中辰時食，至六分止❹。」師曰：「前在陸局河時，午刻見其食既。又西南至金山，人言巳時，食至七分。此三處所見各不同。按孔穎達《春秋疏》❺曰體映日則日食❻。以今料之❼，蓋當其下，即見其食既，在旁者則千里漸殊耳❽。正如以扇翳燈，扇影所及，無復光明，其旁漸遠則燈光漸多矣。」師一日故宮中，遂書〈鳳棲梧〉❾詞二首於壁，其一云：

一點靈明[10]潛啟悟。天上人間，不見行藏[11]處。四海八荒[12]唯獨步。不空不有[13]誰能覩。
瞬目揚眉全體露。混混茫茫，法界超然去[14]。萬劫輪迴[15]遭一遇，九玄齊上三清路[16]。

其二云：

日月循環無定止。春去秋來，多少榮枯事。五帝三皇千百禩[17]。一與一廢長如此。
死去生來生復死。生死輪迴，變化何時已。不到無心休歇地，不能清淨超於彼。

又詩二首，其一云：

東海西秦數十年[18]，精思道德究重玄[19]。
日中一食那求飽，夜半三更強不眠[20]。
實跡未諧霄漢舉[21]，虛名空播朔方傳。

其二云：

直教大國垂明詔，萬里風沙走極邊。

弱冠尋真傍海濤，中年遁跡隴山高。
河南一別昇黃鵠㉒，塞北重宣釣巨鼇㉓。
無極山川行不盡，有為心跡動成勞。
也知六合三千界㉔，不得神通未可逃。

【注釋】❶洎　及。❷曷剌　四位從師護侍官之一。❸筭曆者　掌管天文曆法的官員。❹食至六分止　日食至太陽的十分之六而停止。❺孔穎達春秋疏　孔穎達（五七四～六四八年），字沖遠，唐代經學家。冀州衡水（今河北衡水）人。生於北朝，少時曾從劉焯問學。隋大業初，選為「明經」，授河內郡博士。唐代任國子博士、國子祭酒諸職。奉唐太宗敕命主編《五經正義》，融合南北經學家見解，唐代用作科舉取士的教材。《春秋疏》，即《春秋左傳正義》，包括杜預的《春秋左傳集解》和孔穎達的《春秋左傳注疏》二部分內容。❻日體映日則日食　月亮投影到太陽上面，就發生日食。日體，此指月亮。❼料之　推測此事。即不同地區見日食發生時間和所食程度之事。❽千里漸殊耳　相隔千里，才漸顯不同。相距愈遠差別愈大。❾鳳棲梧　即〈蝶戀花〉，唐代教坊曲名。本名〈鵲踏枝〉，晏殊改為〈蝶戀花〉。雙調，六十字，十句，上下片各五句，四仄韻。丘長春之《磻溪集》中還有數首。❿一點靈明　指人心之先驗良知、善性，道教之元神。⓫行藏　人之出處行止。語出《論語・顏淵》：「用之則行，舍之則藏，惟吾與爾有是夫。」意即用我則行所學之道，否則就退隱以待時。不恃才傲世，更不同流合汙。⓬八荒　八方極遠處，更在四海之外。⓭不空不有　道教超越世俗二元對立空有觀，與佛教之八不中道論相近。言其不空，是說其確為真實永恆的存在，言其不有，是說其無形無名，不可感知。是得道者對道的體悟。⓮法界超然去　從法界中超脫出去。法界緣於佛教用語，意指本體世界、現象世界及其相互包含、融通無礙的錯綜複雜的關係網絡。⓯萬劫輪迴　經受萬劫流轉之無窮磨難。劫，又作劫波，梵文音譯，意為大時，表示時間極長遠單位，常以萬年計。佛家認為，宇宙生滅一次，經成住壞滅四個階段，稱為一劫，四階段亦單稱劫，又有大劫、中劫、小劫之別。輪迴，流轉不息。佛家認為眾生在六道中生死流轉，無窮無盡，受無邊苦難，只有皈依我佛，才得超脫。⓰九玄齊上三清路　升入九天，一同走上成仙之路。九玄，九天；天之極高處。⓱五帝三皇千百禩　五帝三皇享受永恆的祭祀。三皇五帝為中國上古神話傳說中的人物，多種古籍有載，其說不一。三皇有天皇、地皇、人皇，伏羲、女媧、神農，伏羲、神農、祝融等說法。五帝有伏羲、神農、黃帝、堯、舜，黃帝、顓頊、帝嚳、堯、舜等說法。禩同祀，據《說文》。⓲東海西秦數十年　從蓬萊到陝西求道修真數十年。東海指山東蓬萊、棲霞等地。西秦指陝西西部。⓳精思道德究重玄　精心思索《道德經》之真髓，研究玄而又玄的哲理。⓴強不眠　強制自己不睡眠。道教全真派認為睡眠有礙修道，是修道之魔。〈尹公道行碑〉載：「師（指丘處機）誨人曰：『修行之害食睡色三欲為重。多食即多睡，睡多情欲所由生。人莫不知，少能行之者，必欲制之先減睡。』」㉑實跡未諧霄漢舉　實際德行未能與名望相合，卻被抬舉到天上。㉒河南一別昇黃鵠　河南一別，重陽師父已乘鶴仙逝。㉓巨鼇　古代神話傳說中的大神龜。此為自比之詞。㉔三千界　三千大千世界，簡稱大千世界。原為古印度傳說的一個廣大範圍的世界，即以須彌山為中心，同一日月所照為一小世界，合一千個小世界為小一千世界，合一千個小千世界為一中千世界，合一千個中千世界為一大千世界，總稱三千大千世界。佛教沿用其說，以之為佛祖釋迦教化範圍。

【語　譯】丘師一行在這裡住下過冬，劉宣使和鎮海相公派遣曷剌等同一行使臣，統領數百名甲兵到前面路上偵察。往往有漢人來丘師處歸依道法，當時有一位掌管天文曆法的官員在身旁，丘師問他五月初一發生日食之事。這個人說：「此地辰時起發生日食，食至太陽之十分之六停止。」丘師說：「從前在陸局河時，午時見到日全食。又往西南至金山時，人們說巳時發生日食，食至日之十分之七止。這三個地區所見日食時間和程度各不相同。按照孔穎達《春秋左傳注疏》說法，月體投影到太陽上面就發生日食。按照現在的情況推測，大概是在月亮的正下方，就能見到日全食，在旁側則相隔千里才漸顯不同啊。正如用扇子遮燈光，扇影所及之處不再有燈光，旁側漸遠則燈光漸明亮。」丘師一日在故宮牆壁上書寫〈鳳棲梧〉詞二首，其中一首為：

一點靈明默然啟悟。天上人間，不見行止處。四海八荒唯我獨步。超越空有誰能見。轉瞬之間全體呈現。混混茫茫，從法界超然離去。萬劫輪迴得一遇，升九天齊上神仙路。

其中第二首為：

日月循環永無停止。春去秋來，多少榮枯事。五帝三皇永享祭祀。一興一廢永如此。死去生來生復死。生死輪迴，變化何時已。不到無心休歇地，不能清淨超脫於彼。

又作詩二首，其一云：

東海西秦數十年，精思道德探究深玄。
日中一飯何嘗求飽，夜半三更強令勿眠。
實未諧名推舉天上，虛名空播朔方流傳。
直教大國頒下明詔，萬里風沙奔走極邊。

其第二首云：

弱冠求道依傍海濱，中年潛修隴山深處。
河南分別恩師仙逝，塞北宣召如釣巨鼇。
無限山川行走不盡，心想有為動而成勞。

須知六合三千世界，沒得神通怎能超脫。

是年閏十二月將終，偵騎迴，同宣使來白父師，言二太子發軍，復整舟梁❶，土寇已滅。曷剌等詣營謁太子，言師欲朝帝所。復承命❷云：「上駐蹕大雪山❸之東南，今則雪積山門百餘里，深不可行，此正其路❹。爾為我請師來此，聽候良便❺。來時當就彼城中，遣蒙古軍護送。」師謂宣差曰：「聞河以南千里，絕無種養❻。吾食須米麵蔬菜，可迴報太子帳下。」壬午❼之春正月，把欖❽始華，類小桃，俟秋，採其實食之，味加❾胡桃。二月二日春分，杏花已落。司天臺判❿李公輩請師遊郭西。宣使洎諸官，載蒲萄酒以從。是日天氣晴霽，花木鮮明，隨處有臺池樓閣，間以蔬圃⓫，憩則藉草⓬，人皆樂之。談玄論道，時復引觴，日昃⓭方歸。作詩云：

陰山西下五千里，大石東過二十程。

雨霽雪山遙慘淡，春分河府近清明。邪米思干大城，大石有國時名為河中府。

園林寂寂鳥無語，花木雖茂，並無飛禽。風日遲遲花有情。

同志暫來閑睥睨⑭，高吟歸去待昇平⑮。

望日，乃一百五日⑯，太上真元節⑰也。時僚屬請師復遊郭西。園林相接百餘里，雖中原莫能過，但寂無鳥聲耳。遂成二篇，以示同遊。

其一云：

二月中分百五期⑱，玄元⑲下降日遲遲⑳。

正當月白風清夜，更好雲收雨霽時。

帀地㉑園林行不盡，照天花木坐觀奇。

未能絕粒成嘉遁㉒，且向無為樂有為㉓。

其二云：

深蕃㉔古跡尚橫陳，大漢良朋欲徧巡。

舊日亭臺隨處列，向年花卉逐時新。

風光甚鮮留連客，夕照那堪斷送人。
竊念世間酬短景，何如天外飲長春。

【注釋】❶復整舟梁　再次修復浮橋。前此用舟船搭設之浮橋被土匪破壞，現已重新修復，可以通過。❷復承命　又轉達二太子的口頭命令。❸駐蹕大雪山　駐蹕，天子留止外地。大雪山，指今阿富汗之興都庫什山。❹此正其路　這正是通往雪山行宮的必經之路。❺良便　方便。❻絕無種養　根本沒有種植供人食用的農作物。❼壬午　西元一二二二年。❽把欖　又作芭欖，為波斯語杏樹的譯音。耶律楚材《西遊錄》描述此種水果稱：「花如杏而微淡，葉如桃而差小，每冬季開花，夏盛而實，狀類扁桃。」❾加　《道藏輯要》作「如」。❿司天臺判　司天臺，掌管天文曆法的機構，其主持官員稱司天臺判。⓫蔬圃　菜園。《西遊錄》描述尋思干城「環郭數十里皆園林也。家必有園，園必成趣，率飛渠走泉，方池圓沼，桃李連延，亦一時之勝概也。」與此記相合。⓬憩則藉草　休息時就坐臥在草地上。藉，坐臥其上。⓭日昃　太陽偏西之時。⓮閑睥睨　悠閒的觀賞。睥睨，斜視。指從不同側面、角度觀賞園林美景。⓯昇平　天下太平。⓰望日二句　二月十五日，為老子誕辰。一百五，相傳老子活了一百五十歲。《史記》載：「蓋老子百有六十餘歲，或言二百餘歲。」此亦一種傳說。⓱太上真元節　道教節日，創始於宋代。宋徽宗信仰道教，政和三年（一一一三年）定以二月十五日為太上混元上德皇帝（老子）生日，並以此日為真元節。⓲二月中分百五期　二月十五日為老子誕辰。⓳玄元　唐高宗時追尊老子為太上玄元皇帝，簡稱玄元。玄宗開元二十九年命兩京和諸州置玄元皇帝廟，京師立玄元宮，後改太清宮。宋清時因避諱，改元元皇帝。⓴日遲遲　太陽緩慢移動。㉑帀地　遍地。帀，周；遍。㉒絕粒成嘉遁　辟穀不食升仙而去。辟穀，摒除火食，不進五穀。為道教一種修煉方法。㉓且向無為樂有為　通過修虛靜無為之道，而樂觀有益於眾生之效。㉔深蕃　進入蕃國縱深地域。

【語　譯】這年閏十二月將結束時，前往偵察的騎兵回來了，同劉宣使一起來向丘師說明情況，說二太子發兵，把破壞的浮橋重新修復，土匪已被消滅。曷剌等親至軍營謁見二太子，告知丘師要去皇帝住所朝見。又轉達二太子的口頭指示說：「皇上駐紮在大雪山的東南，現在山口積雪百餘里，雪深不能通行，這正是你們必經之路。你們代我把丘師請到這裡來，等候方便時起程。來時我將在此城中選派蒙古兵，以備護送之需。」丘師對宣差說：「聽說河南千里之地，根本沒有種植供人食用的作物。我們的食物需要米麵和蔬菜，可將此事回報給二太子帳下。」壬午年春正月，把欖花剛開放，此果類似小桃，到秋天採摘其果實而食，味道和胡桃差不多。二月二日為春分，杏花已落。掌管天文曆法的官員李公等人邀請丘師去城西遊覽。劉宣使及諸位官員陪同，載著葡萄酒跟隨。這一日天氣晴朗，花木鮮豔明麗，隨處都有臺池樓閣，間有菜園，休息時就坐臥在草地上，人人都很開心。相互間談玄論道，不時飲酒助興，太陽偏西時才返回城裡。丘師作詩云：

陰山西去五千餘里，東過大石二十日程。

雪山雨過遙望慘淡，春分河中今近清明。（邪米思干大城，在大石國尚在時名為河中府。）

園林寂靜無有鳥鳴，（這裡花木雖然茂盛，卻沒有飛鳥。）風和日暖百花有情。

同志暫來悠閒觀賞，高吟回返以待昇平。

二月十五日，為老子的誕辰，太上真元節。僚屬們請丘師再次去城西遊覽。這裡園林相接一百餘里，雖中原亦不能勝過，但是寂靜沒有鳥鳴聲。丘師於是成詩二篇，拿給同遊者觀看。其中一首是：

二月十五老子誕辰，玄元下降日行遲遲。

正當月白風清之夜，恰逢雲收雨過之時。
遍地園林遊玩不盡，照天花木坐觀更奇。
未能辟穀升仙遁去，且修無為樂觀有為。

其二為：

深入蕃國古跡橫陳，大漢良朋欲遍訪巡。
舊日亭臺隨處羅列，往年花卉逐時更新。
風光甚鮮留連來客，夕照那能送與別人。
私念世間酬我短景，何如天外長春之飲。

三月上旬，阿里鮮至自行宮❶。傳旨云：「真人來自日出之地，跋涉山川，勤勞至矣。今朕已迴，亟欲聞道，無倦迎我。」次諭宣使仲祿曰：「爾持詔徵聘，能副❷朕心。佗日當置汝善地。」復諭鎮海曰：「汝護送真人來，甚勤，余惟汝嘉。」仍敕萬戶播魯只❸以甲士千人衛過鐵門❹。師問阿里鮮以途程事。對曰：「春正月十有三日，自此初發。馳三日，東南過鐵門。又五日，過大河。二月初吉❺，東南過大雪山，積雪甚高，馬上舉鞭測之，猶未及其半。下所踏者復五尺許❻。南行三日，至行宮矣。且❼師至次第奏訖。上說，留數日方迴。」師遂留門人尹公志平輩三人於館，以侍行五六人同宣使輩，三月十有五日啟行。四日過碣石城❽。預傳聖旨，令萬戶播魯只領蒙古、回紇軍一千，護送過鐵門。東南度山，山勢高大，亂石縱橫，眾軍挽車，兩日方至山前。沿流南行，軍即北入大山破賊。五日，至小河，亦船渡。兩岸林木茂盛。七日，舟濟大河，即阿毋沒輦❾也。乃東南行，晚泊古渠上。渠邊蘆葦滿地❿，不類中原所有。其大者經冬葉青而不凋。因取以為杖，夜橫轅下，轅覆不折。其小者葉枯春換。少南，山中有大實心竹，士卒以為戈戟。又見蜴蜥⓫，皆長三尺許，色青黑。時三月二十九日也。因作詩云：

志道⓬既無成，天魔⓭深有懼。
東辭海上來，西望日邊去。
雞犬不聞聲，馬牛更遞鋪⓮。

千山及萬水，不知是何處。

【注釋】❶行宮　此行宮在阿壇豁爾桓山的塔果寒，原為回回王的一座避暑行宮。具體地點在阿富汗東北巴達克山西南處，距巴里黑城二百五十公里。❷副　相稱；符合。❸萬戶播魯只　當為成吉思汗宿衛官博爾術。此人護衛成吉思汗多年，共履艱危，頗受信任。後與木華黎共為左右萬戶，位在諸將之上。此時負責鎮守鐵門關。《元史》有傳。❹鐵門　又稱鐵門關，在碣石之南，為中亞通往印度的險要關口。玄奘《大唐西域記》載：從此（羯霜那國，即碣石城）西南行二百餘里，入山。山路崎嶇，谿徑危險。既絕人里，又少水草。東南山行三百餘里入鐵門。鐵門者，左右帶山，山極峭峻。雖有狹徑，加之險阻，兩傍石壁，其色如鐵。既設門扉，又以鐵扃，多有鐵鈴，懸諸戶扇。因其險固，遂以為名。」此為唐代鐵門情況，明清時亦有遊歷家在其遊記中提及，大致相同。❺初吉　初一。❻下所踏者復五尺許　腳下所踏之雪，還有五尺厚。❼且　連詞，表轉折更進之意，可作「進而」解。❽碣石城　在撒馬爾罕城西南二百六十里，為西域古國。隋大業中與中國交往，號最強盛，築乞史城（碣石別譯），地方數千里。《大唐西域記》作「羯霜那國」。《明史・西域傳》載：「渴石在撒馬兒罕西南二百六十里，城居大村，周十餘里，宮室壯麗，堂以玉石為柱，墻壁窗牖，畫飾金碧、綴玻璃。其先撒馬兒罕酋長駙馬帖木兒居之。城外皆水田，東南近山多園林，西行十餘里，饒奇木。」因其為沙漠綠洲，一望青碧，故有「綠城」之名。❾阿毋沒輦　阿姆河。中亞大河。源於阿富汗之興都庫什山脈，上中游大部分為阿富汗與塔吉克、烏茲別克之界河，支河眾多，下游經土庫曼和烏茲別克之沙漠地區，流入鹹海。❿蘆葦滿地　蘆葦遍地。此只是看似蘆葦，實乃另一種植物，稱阿魏。中亞各地，尤以阿姆河畔，盛產阿魏。其幹挺直，高約五英尺至七英尺，無皮，頂上有傘形花。當地居民用其幹作藩柵。其根和根狀莖切斷後有乳狀汁液流出，收集乾燥後稱阿魏，有消積、殺蟲、解毒等藥用功效。主治肉積、痞塊、久瘧、疳勞諸症。⓫蝎蜥　應作蜥蝎。

指土耳其蜥蜴或大蜥蜴，前者會變色，多棲於樹叢中，後者可長一公尺，吞食蛇、鳥、蛋及小蜥蜴。其皮可製鞋。《西使記》載：「過訖立兒城，所產蛇皆四跗，長五尺餘，首黑身黃，皮如鯊魚，口吐紫焰。」⓬志道　立志修道。⓭天魔　源自佛教用語，泛指妨礙修行，破壞佛法之神。亦特指欲界第六天的主宰神波旬，宣揚世俗情欲之樂，妒嫉聖賢涅槃道法。⓮馬牛更遞鋪　所用驛站之鋪牛鋪馬輪番更替。

【語　譯】三月上旬，宣差阿里鮮由行宮回來。傳達皇帝聖旨說：「丘真人來自東方日出之地，跋涉高山大川，辛勞至極。今朕已返回，急欲聞知大道，不要倦於來迎接我。」接著告諭宣使劉仲祿說：「你帶著詔書去聘請丘真人，所行甚合朕之心意，日後一定給你安排個好位置。」又告諭鎮海說：「你護送丘真人前來，一路甚為辛苦，我要嘉獎你。」依然敕命萬戶博爾術用甲士千人護衛丘師通過鐵門關。丘師詢問宣差阿里鮮一路上發生之事。回答說：「春正月十三日，從此地出發。馳騁三天，東南過鐵門關。又行五日，越過一條大河。二月初一，東南過大雪山，積雪很厚，在馬上用鞭桿測試，還不及雪深之半。底下所踏之雪還有五尺深。又南行三日，就到達行宮了。進而把丘師已至之事按順序向皇帝奏報完。皇帝很高興，留住數日才回來。」丘師接下來安排弟子尹志平等三人留守於邪米思干館舍，帶領隨行五六位弟子同劉宣使等三月十五日起程。走了四天，經過碣石城。預先有聖旨傳來，命令萬戶博爾術率領蒙古、回紇兵一千人，護送丘師一行人過鐵門關。出關後東南行，越山而進，山勢高大，亂石縱橫，眾軍士拖著車子前行，兩天才到達山前。繼續沿著河流南行，護送軍兵就由此北入大山中，去剿滅賊寇。又走了五天，至一小河，乘船渡過。河兩岸林木繁茂。又走七日，乘船過一大河，即阿姆河。然後向東南行進，晚間住宿在古渠堤岸上。渠邊蘆葦遍地，但此蘆葦與中原所有者不一樣。其中高大者經過冬天葉青而不凋謝。用作拄杖，夜裡橫在車轅下，車轅下落亦不折斷。其中矮小者，冬葉枯，春復生。稍南行，山中有高大的實心竹，士卒用作戈戟。還見到一種大蜥蜴，都有三尺長，顏色青黑。時為三月二十九日。丘師作詩云：

立志修道既無成，深懼天魔來擾害。
東辭故里海上來，西望長天日邊去。
雞鳴犬吠聽不到，驛站馬牛更替換。
經過千山與萬水，不知此地是何方。

又四日，得達行在。上遣大臣喝剌播得❶來迎，時四月五日也。館舍定，即入見。上勞之曰：「佗國徵聘皆不應，今遠踰萬里而來，朕甚嘉焉。」對曰：「山野❷詔而赴者，天也。」上悅，賜坐。食次❸問：「真人遠來，有何長生之藥以資朕乎？」師曰：「有衛生之道❹而無長生之藥。」上嘉其誠實，設二帳於御幄❺之東以居焉。譯者問曰：「人呼師為騰吃利蒙古孔，（譯語謂天人也。）自謂之邪？人稱之邪？」師曰：「山野非自稱，人呼之耳。」譯者再至，曰：「舊奚❻呼？」奏以「山野四人事重陽師學道，三子羽化❼矣，唯山野處世，人呼以先生。」上問鎮海曰：「真人當何號？」鎮海奏曰：「有人尊之曰師父者、真人者，曰神仙者。」上曰：「自今以往，可呼神仙。」時適炎熱，從車駕❽廬於雪山❾避暑。上約四月十四日問道，外使田鎮海、劉仲祿、阿里鮮記之，內使近侍三人記之。

【注　釋】❶喝刺播得　成吉思汗之大臣。據《元史·也仙不花傳》載：祖昔刺斡忽勒兄弟四人，季曰哈刺阿忽刺，皆率部屬歸太祖，命為必闍赤長，朝會居上列。喝刺播得與哈刺阿忽刺音近，當指此人。❷山野　山野之人。自稱無文化、無官職、見識短狹。為自謙之詞。❸食次　用餐完畢。次，止。❹衛生之道　健身去病的方法。❺御幄　皇帝居住的帳幕。幄，覆帳四合像宮室的營帳，王者所居。❻舊奚　以往如何稱呼。奚，何。❼羽化　道教徒死去稱羽化，為飛升成仙而去。❽車駕　皇帝乘車出行，所用之車馬儀仗之總稱。❾雪山　地名八魯灣。即今印度庫什山中關隘名。在迦布邏及安德羅縛之間，地勢高峻。該處小邑小溪，皆名八魯灣。蓋雪山行宮不止一處，此其一也。

【語　譯】又行四天，到達行宮。皇帝派遣大臣喝刺播得來迎接，時為四月五日。定下館舍後，丘師就去見皇帝。皇帝慰勞他說：「他國聘請，都不回應，今能遠涉萬里前來此地，朕甚為讚賞。」丘師回答說：「山野之人應詔來赴，是奉天之命也。」皇帝很高興，賜與坐位。飯後問：「真人遠道而來，有何種長生之藥送給朕嗎？」丘師回答：「有強身去病的方法，而沒有長生不死之藥。」皇上嘉獎他的誠實，搭設兩座帳幕在皇帝營帳之東側，讓丘師一行人居住。翻譯問丘師：「大家都稱呼師父為騰吃利蒙古孔，（譯語為天人。）是自稱呢？或是別人這樣稱呼的？」丘師回答：「不是山野之人自稱，是別人稱呼的。」翻譯又問：「以往如何稱呼呢？」丘師回答：「山野之人與師兄弟四人事奉重陽師學道，另外三人已經仙逝，只有我還活在世間，人們都稱呼我為先生。」皇上問田鎮海說：「真人應當稱呼什麼名號？」鎮海回奏說：「有尊稱師父者、真人者，有稱神仙者。」皇上說：「從今以後，可稱神仙。」此時正逢天氣炎熱，丘師一行跟隨皇帝車駕住在雪山避暑。皇上約定四月十四日問詢大道，外命田鎮海、劉仲祿、阿里鮮作談話記錄，內命近侍三人記錄。

將及期❶，有報回紇山賊指斥者，上欲親征❷。因改卜十月吉❸。師乞還舊館❹。上曰：「再來不亦勞乎？」師曰：「兩旬可矣。」上又曰：「無護送者。」師曰：「有宣差楊阿狗❺。」又三日，命阿狗督回紇酋長，以千餘騎從行，由佗路迴❻。遂歷大山，山有石門，望如削蠟❼。有巨石橫其上，若橋焉。其下流甚急，騎士策其驢以涉，驢遂溺死，水邊尚多橫屍。此地蓋關口，新為兵所破。出峽復有詩二篇，其一云：

水北鐵門猶自可，水南石峽太堪驚。
兩崖絕壁攙天聳❽，一澗寒波滾地傾。
夾道橫屍人掩鼻，溺溪長耳我傷情。
十年萬里干戈動，早晚迴軍復太平。

其二云：

雪嶺皚皚上倚天，晨光燦燦下臨川。
仰觀峭壁人橫度，俯視危崖栢倒縣。
五月嚴風吹面冷，三焦❾熱病當時痊。
我來演道空回首，更卜良辰待下元❿。

始師來覲⓫，三月竟，草木繁盛，羊馬皆肥。及奉詔而回，四月終矣，百草悉枯⓬。又作詩云：

外國深蕃事莫窮，陰陽氣候特無從⓭。

纔經四月陰魔⑭盡，春冬霖雨，四月純陽，絕無雨。卻早彌天旱魃⑮凶。
浸潤百川當九夏⑯，以水溉田。摧殘萬草若三冬⑰。
我行往復三千里⑱，三月去，五月回。不見行人帶雨容。

路逢征西人回，多獲珊瑚，有從官以白金⑲二鎰⑳易之近五十株，高者尺餘。以其得之馬上，不能完也㉑。繼日乘涼宵征㉒，五六日達邪米思干。大石名河中府。諸官迎師入館，即重午日㉓也。

【注釋】❶將及期　將至約定的問道日期，即四月十四日。❷回紇山賊指斥者二句　回紇軍向蒙古軍斥罵挑戰，皇上打算率軍親征。此指花剌子模王子札闌丁向成吉思汗寫信挑戰，成吉思汗派養子失吉忽禿忽應戰。札闌丁先取守勢，以逸待勞，適時出擊，蒙軍潰敗，忽禿忽逃回。成吉思汗親征，消滅回紇軍，札闌丁逃脫。《元史・太祖本紀》載：壬午夏，「西域主札闌丁出奔，與滅里可汗合，忽都忽與戰不利，帝自將擊之，擒滅里可汗，札闌丁遁去。」即其事。❸因改卜十月吉　因戰事改卜講道日期，卜的結果為十月吉。當時為四月中旬，尚需等待半年時間。❹還舊館　返回邪米思干原住館舍。因等候時間較長，回邪城更方便些。❺楊阿狗　當為臨時委派之宣差。❻佗路迴　由另一條路返回邪城。具體路線不詳。據丁謙說，北行過阿姆河，經巴達克山，由山路穿行，途程稍近。佗、它、他可通用。❼削蠟　刀削之白蠟。形容石門陡峭如刀削，石質細膩潔白如蠟。❽攙天聳　形容石峽兩側絕壁高聳，如扶雲天。❾三膲　膲通作焦。中醫六腑之一，指食道、胃等部分及其生理機能。又分上中下焦，《難經・榮衛・三焦》：「三焦者，水穀之道路，氣之所終始也。上焦者，在心下下膈，在胃上口，主內而不出。……中焦者，在胃中脘，不上不下，主腐熟水穀。……下焦者，當膀胱上口，主分別清濁，主出而不內，以傳導也。」❿下元　農曆十月十五日。唐代起，以正月、七月、十月之十五日為上元、中元、下元。⓫覲　見。指來大雪山行宮朝見成吉思汗。⓬百草悉枯　百草都乾枯了。《西使記》載：其回紇國，地廣袤，際西不見疆畛。四五月百草枯如冬……夏不雨，迨秋而雨，百草始萌，及冬，川野如春，卉木再華。與此記同。⓭無從　季節變化反常，無所遵循。⓮陰魔　此指陰雨。以與下句旱魃相對應。⓯旱魃　古代以能致旱災之神為旱魃。《神異經》言：「南方有人，長二三尺，袒身，而目在頂上，走行如風，名曰魃，所見之國大旱，赤地千里。」⓰九夏　農曆四、五、六月為夏季，九十天，稱九夏。⓱三冬　十、十一、十二三個月為冬季，稱三冬。⓲往復三千里　由邪米思干至大雪山行宮，往返路程三千里。亦概言之里數。⓳白金　指白銀。⓴鎰　古代重量單位，合二十兩，一說二十四兩。㉑不能完也　不能十分完整。指珊瑚之枝杈難免因馱運碰撞而缺損，不易保持完整。㉒宵征　夜間趕路。因夜間涼爽，適宜走路。㉓重午日　農曆五月初五為端五節，亦稱重五。

【語　譯】將到約定的講道日期，有報告說回紇山賊向蒙軍斥罵挑戰，成吉思汗打算親自率兵征討。因此改卜講道日期，結果是十月為吉。丘師請求回到邪米思干舊館等候。皇帝說：「回去再來，不是太辛苦了嗎？」丘師說：「二十天就到了。」皇帝又說：「沒有護送之人啊。」丘師說：「有宣差楊阿狗就可以了。」又過三日，皇帝命令楊阿狗督率回紇酋長帶領一千騎兵隨行護衛，由另外一條道路返回邪米思干。接著經過大山，山口有門，望去陡峭壁立如刀削，石質細膩潔白如蠟。有巨石橫在對峙峭壁頂端，如同石橋。下面水流湍急，騎士們用鞭子抽打毛驢涉水過河，驢子多被淹死，水邊還橫著不少屍體。此地大概是一座關隘，新近被蒙古兵所攻破。走出山峽後，丘師又作了兩首詩，其一云：

水北鐵門尚可通行，水南石峽太過驚心。
兩崖絕壁聳立扶天，一澗寒流滾地傾注。
夾道橫屍人人掩鼻，驢子溺水令我傷情。
十年萬里干戈大動，早晚回兵復享太平。

其二云：

雪嶺皚皚上倚雲天，晨光燦燦下臨大川。
仰觀峭壁人須橫渡，俯視危崖柏如倒懸。
五月嚴風吹面冰冷，三焦熱病當下可痊。
我來演道落空回轉，更卜良辰等待下元。

丘師初來覲見時，為三月將終，當時還草木繁茂，羊馬皆肥壯。到奉詔返回時，已為四月末，百草都乾枯了。丘師又作詩云：

外國深蕃事變莫窮，陰陽氣候特異無從。
才經四月陰雨散盡，（春冬季節連綿降雨，四月分純陽，絕無降雨。）卻早乾旱肆虐逞凶。
百川灌溉當在九夏，（用水灌田。）摧殘百草卻似三冬。
我行往返三千路上，（三月前去，五月返回。）不見行人帶有雨容。

路上，碰到西征人員回來，多數帶有珊瑚，有隨從軍官用四十兩白銀換回五十株，高的有一尺多。因其得之於馬上，難免碰撞毀損不夠完整。接續白天，又乘著涼爽夜間趕路，五六天時間就到了邪米思干。（此城大石國時稱河中府。）諸位官員迎接丘師進入館舍，那一天為端午節。

宣差李公東邁❶，以詩寄東方道眾云：

當時發軔❷海邊城，海上干戈尚未平。
道德❸欲興千里外，風塵不憚❹九夷❺行。
初從西北登高嶺，（即野狐嶺。）漸轉東南指上京❻。（陸局河東畔，東南望上京也。）
迤邐❼直西南下去，（西南四千里到兀里朵，又西南二千里到陰山。）陰山之外不知名。（陰山西南一重大山，一重小水，數千里到邪米思干大城，師館於故宮。）

師既還館，館據北崖，俯清溪十餘丈，溪水自雪山來，甚寒。仲夏炎熱，就北軒風臥❽，夜則寢屋顛之臺❾。六月極暑，浴池中。師之在絕域，自適❿如此。河中壤地⓫宜百穀，唯無蕎麥、大豆。四月中麥熟，土俗收之，亂堆於地，遇用即碾，六月始畢。太師府提控李公⓬獻瓜田五畝，味極甘香，中國所無，間有大如斗者⓭。六月間，二太子迴，劉仲祿乞瓜獻之，十枚可重一擔⑭。果菜甚贍⑮，所欠者芋栗⑯耳，茄實若粗指而色紫黑。男女皆編髮，男冠則或如遠山，帽飾以雜綵，刺以雲物，絡之以纓⑰。自酋長以下，在位者冠之，庶人則以白麼斯⑱。（布屬）六尺許，盤於其首。酋豪之婦⑲，纏頭以羅，或皁、或紫、或繡花卉織物象，長可五六尺。髮皆垂，有袋之以緜者⑳，或素、或雜色，或以布帛為之者。不梳髻，以布帛蒙之，若比丘尼㉑狀，庶人婦女之首飾也。衣則或用白氎㉒，縫如注袋㉓，窄上寬下，綴以袖，謂之襯衣，男女通用。車舟農器制度，頗異中原。國人皆以鍮石銅㉔為器皿，間以磁，有若中原定磁㉕者。酒器則純用琉璃，兵器則以鑌㉖。市用金錢無輪孔㉗，兩面鑿回紇字。其人物多魁梧，有膂力，能負戴重物，不以擔。婦人出嫁，夫貧則再嫁。遠行踰三月，則亦聽他適。異者或有鬚髯㉘。國中有稱大石馬㉙者，識其國字，專掌簿籍。遇季冬，設齋一月㉚。比暮，其長自刲羊為食㉛，與席者同享，自夜及旦。餘月則設六齋。又於危舍㉜上跳㉝出大木如飛簷，長闊丈餘，上搆虛亭㉞，四垂纓絡，每朝夕，其長登之，禮西方，謂之告天。不奉佛，不奉道，大呼吟於其上，丁男女㉟聞之，皆趍㊱拜其下。舉國皆然，不爾則弃市㊲。衣與國人同。其首則盤以細麼斯，長三丈二尺，骨以竹㊳。師異其俗，作詩以記其實云：

回紇丘墟㊴萬里疆，河中城㊵大最為強。
滿城銅器如金器，一市戎裝似道裝㊶。
剪鏃黃金為貨賂，裁縫白氎作衣裳。
靈瓜素椹㊷非凡物，赤縣何人搆㊸得嘗。

當暑，雪山甚寒，烟雲慘淡。師乃作絕句云：

東山日夜氣濛鴻㊹，曉色彌天萬丈紅。
明月夜來飛出海，金光射透碧霄空㊺。

師在館，賓客甚少，以經書遊戲，復有絕句云：

北出陰山萬里餘，西過大石半年居。

遐荒鄙俗難論道，靜室幽巖且看書。

【注　釋】❶東邁　去往東方。❷發軔　啟行；出發。軔，剎車木。行車必先去軔，稱發軔。後以比喻事物開端之詞。❸道德　指《道德經》，為道教根本經典，此代道教。❹不憚　不畏懼。❺九夷　夷為中國古代對周邊民族的通稱，又多指東方濱海島嶼之民，此九夷為泛指西域各國居民。❻上京　首都、都城之統稱，此當指燕京，為丘出發和回歸之地，亦在陸局河東南方，故繫念之。❼迤邐　曲折連綿。❽北軒風臥　在居室北側長廊流動的風中躺臥。軒，帶窗戶的長廊。❾屋顛之臺　屋頂上的平臺。古波斯國屋頂皆平，夏季天氣炎熱時，居民皆夜臥屋頂平臺上納涼，此俗至今依然。❿自適　在艱難危險環境下，能使自己保持心態平和，安適達觀。⓫河中壤地　河中府肥沃的土地。邪米思干舊稱河中府，土地肥沃，物產豐饒，號稱肥城。⓬太師府提控李公　太師耶律阿海府中提控官李某。提控，元代官名，府州有設，為軍事官員。李公，不詳所指。⓭大如斗者　瓜的大小大如斗。《西遊錄》比喻此瓜更形像，「大者如馬首許，長可以容狐。」⓮一擔　一百斤。⓯贍　豐足。⓰芋栗　芋頭和板栗。⓱絡之以纓　繫有珠玉飾物。⓲麼斯　阿拉伯語細棉布之音譯。毛夕里城最初製成此布，因城得名。麼斯與毛夕里音近，為不同音譯。《馬可波羅遊記》載有毛速綾布，以細金線織成，當亦指此。⓳酋豪之婦　酋長、富豪的妻子。⓴有袋以緜者　有把長髮裝入用絲帛織成的髮袋內者。㉑比丘尼　佛教女弟子，受過具足戒者，稱比丘尼。按佛教章制，少年出家稱沙彌，少女稱沙彌尼，二十歲受具足戒，男稱比丘，女稱比丘尼。比丘為梵文音譯，意為乞者。因僧人須乞法、乞食，故有此名。㉒白氎　白棉布。㉓注袋　盛物之袋子。㉔鍮石銅　銅礦石之一種，屬自然銅，為銅鋅合金。《本草綱目》卷九〈爐甘石〉載：「真鍮石生波斯，如黃金，燒之而不黑。」可直接用於製造器物。唐元稹〈估客樂〉有「鍮石打臂釧」句，可與此「作器皿」互證。㉕定磁　宋代定州（今河北定縣）瓷窯燒製的瓷器，以裝飾花紋精美多彩著稱。㉖鑌　鑌鐵；精煉之鐵。用以打造兵器，極為鋒利。《正字通》：「鑌鐵之刀甚利。」《一切經音義．鑌鐵》：「出罽賓（西域古國名）等外國，以諸鐵和合而成，或極鋒利，鐵中之上是也。」㉗市用金錢無輪孔　市上通用的銅錢無輪無孔。《西遊錄》載：「尋思干甚富庶，用金銅錢，無孔郭。」與此合。㉘異者或有鬚髯　稀奇的是，有的婦人長有鬚髯。此事《西遊錄》、《北使記》皆有載。㉙大石馬　《元史》答失蠻之異譯，原為波斯語，意為學識精深之人。此處指伊斯蘭教中之智者，教師之類。㉚遇季冬二句　到冬季第三月，即十二月，設齋戒一個月。此月全月齋戒，不茹葷。由於回曆與農曆計算方法不同，伊斯蘭教齋月不一定是農曆十二月。㉛其長自刲羊為食　其長者親自分割羊肉給大家吃。刲，割取。㉜危舍　帶尖頂的高建築物。當指伊斯蘭教寺廟，如今清真寺皆有尖頂。㉝跳　《道藏輯要》作「挑」，可從。㉞上構虛亭　上面搭建空亭，為呼喚教眾作禮拜之用。㉟丁男女　成年男女。㊱趍　同「趨」。朝向；奔向。㊲弃市　古代在鬧市執行死刑，並陳屍街頭示眾。㊳骨以竹　用竹棍作支撐的骨架。㊴丘墟　荒廢的土地。㊵河中城　即河中府，邪米思干舊稱。㊶戎裝似道裝　軍兵服裝與道士服裝相似。㊷素椹　白桑椹。椹，桑樹上結的果實，有紅色、黑色，此為白色，皆可食。㊸搆　它本多作購，當從之。㊹濛鴻　雲氣迷濛混沌狀態。㊺碧霄空　深藍色的夜空。

【語　譯】宣差李公要去往東方中原地區，丘師用詩寄給東方道眾，詩曰：

當時初發於海邊城，海上戰事尚未平定。
欲與道教千萬里外，不畏風塵異國遠行。
初從西北攀登高嶺，（即野狐嶺。）漸轉東南遙指上京。（在陸局河東岸，向東南方遙望上京也。）
曲折連綿向西南去，（向西南四千里，到達兀里朵行宮。又往西南二千里，到達陰山。）陰山以外不知其名。（陰山西南有一重大山，一條小河，又行數千里，到達邪米思干大城，丘師下榻於回紇王舊宮。）

丘師一行回到原住館舍，此館位於高崗北邊，俯看十多丈下清澈的溪流，溪水由雪山流下，特別冰冷。仲夏時節天氣炎熱，靠近北廊風中躺臥，夜裡則到屋頂涼臺上就寢。六月天氣極熱，在水池中洗浴。丘師身處絕遠地域，仍能保持如此平和安適心態。河中府土地肥沃，適宜百穀生長，惟獨沒有蕎麥和大豆。四月中旬麥子成熟，當地習慣的收割方法是，隨便堆放在麥地裡，遇用隨時碾壓脫粒，直到六月才收拾完畢。太師府提控官李公獻出瓜田五畝，瓜的口味特別香甜，是中國所沒有的，其中有的大如斗。六月間，二太子從前線回來，劉仲祿要來一些瓜獻給二太子，十個瓜就重一百斤。水果和蔬菜都很豐足，所欠缺的是芋頭和板栗。茄子如大拇指一般粗，顏色紫黑。男女都編起頭髮，男子所戴帽子有的像遠山，用雜色絲織為飾，上面繡有雲物，繫有珠玉。自酋長以下，在位官員皆戴冠，庶民則用白麼斯（細白棉布類）六尺，盤在頭上。酋長、富豪之妻，用綾羅纏頭，有黑色的、有紫色的、有繡花卉物象的，長可達五六尺。頭髮皆下垂，有的把長髮裝入用絲帛所作的髮袋中，絲帛有白色的、有雜色的，還有用布帛製作的。女子不梳髮髻，用布巾蒙在頭上，如比丘尼的裝束，這是庶民婦女的頭飾。衣服用白棉布縫成盛物之袋形狀，上窄下寬，縫上袖子，稱為襯衣，男女通用。車船農具和各種制度，都與中原不同。該國人都用自然銅製造器皿，間或也有瓷器，形制與中原定窰瓷器相似。酒器則純用琉璃製造，兵器則用精煉之鐵打造。市上通用之銅錢沒有輪邊和中孔，兩面鑄有回紇文字。此地之人多身材魁梧，有力量，能負載重物，不用挑擔。婦女出嫁，如丈夫貧窮難度日，則可再嫁。丈夫遠行超過三個月，也聽憑她另嫁他人。稀奇的是，有的婦女長有鬍鬚。國中有稱為大石馬者，認識本國文字，專職掌管簿籍類事。到冬季第三個月，即農曆十二月，設齋戒一個月。逢齋月的傍晚，長者親自分割羊肉給大家食用，與席的客人也一同分享，從傍晚直至天亮。其餘月分則設六齋。又在帶尖頂建築物上方挑出大木如飛簷，長寬都有一丈多，在上面搭設一空亭，四角垂有瓔珞，每天清晨和傍晚，長者登上小亭，向西方禮拜，稱為告天。不信奉佛教，不信奉道教，在亭上大聲吟誦，成年男女聽到了，都要朝著他下拜。全國都是如此，如果不這樣作，就要處以棄市之刑。神職人員的衣服與國人相同。其頭上盤著細棉白布，長三丈二尺，用細竹棍作骨架撐起來。丘師對當地風俗深感奇異，作詩記其實云：

回紇國土疆域萬里，河中大城最為富強。
滿城銅器皆似金器，一市軍裝渾如道裝。
剪鏃黃金以為貨幣，裁縫白布製作衣裳。
香瓜白椹非尋常物，神州何人買到品嘗。

在暑天，雪山上依然甚為寒冷，煙雲慘淡。丘師作絕句一首云：

東山日夜雲氣迷茫，曉色滿天紅光萬丈。
明月夜來飛出大海，金光射透深藍夜空。

丘師居住館內，賓客甚少，以閱讀經書自娛，又作絕句一首云：

北出陰山萬里有餘，西過大石半年閒居。
遐荒鄙俗難與論道，靜室幽巖且看經書。

七月，載生魄[1]，遣阿里鮮奉表詣行宮，稟論道日期。八月七日，得上所扎荅，八日即行，太師相送數十里。師乃曰：「回紇城東新叛者二千戶，夜夜火光照城，人心不安。太師可迴安撫。」太師曰：「在路萬一有不虞❷奈何？」師曰：「豈關太師事。」乃迴。十有二日，過碣石城。十有三日，得護送步卒千人，甲騎三百。入大山中行，即鐵門外別路也。涉紅水澗❸，有峻峰，高數里。谷東南行，山根有鹽泉❹流出，見日即為白鹽，因收二斗，隨行日用。又東南上分水嶺，西望高澗若冰，乃鹽耳。山上有紅鹽如石❺，親嘗見之。東方唯下地生鹽，此方山間亦出鹽。回紇多餅食，且嗜鹽，渴則飲水。冬寒，貧者尚負餅售之❻。十有四日，至鐵門西南之麓。將出山，其山門險峻，左崖崩下，澗水伏流❼一里許。中秋抵河上，其勢若黃河，流西北，乘舟以濟，宿其南岸。西有山寨，名團八剌❽，山勢險固。三太子之醫官鄭公❾途中相見，以詩贈云：

自古中秋月最明，涼風屆候❿夜彌清。

一天氣象沉銀漢，四海魚龍耀水精。
吳越樓臺歌吹滿，燕秦部曲⓫酒肴盈。
我之帝所臨河上，欲罷干戈致太平。

【注釋】❶載生魄　通作「哉生魄」，源自《尚書・康誥》。哉，始也。魄，月魄。指月黑無光部分。農曆每月十六日，開始月缺，無光部分始生，即為哉生魄。❷不虞　未曾預料的事變。❸涉紅水澗　步行過紅水澗。涉，不用舟船，徒步過河。澗，夾在兩山間的流水。❹鹽泉　含鹽分的泉水。❺紅鹽如石　紅色岩鹽，堅硬如石。徐樓《土耳其斯坦遊記》載：喀兒西附近有石鹽礦，鹽皆紅玫瑰色，品質極良，中亞各地人皆寶貴之。鹽礦在喀兒西城南十英里。此記似與丘師所見鹽山相合。❻負鉼售之　提瓶售水。此地至今尚有負水及冰，沿途售與行旅之俗。❼伏流　澗水潛流於岩石縫隙。❽團八剌　團城音譯。拉施特《史記》載：蒙古兵圍攻此城一月，始克之。此城下後，成吉思汗始越興都庫什山，圍攻巴緬城。《西遊錄》所記磚城，當即此團城之誤。❾醫官鄭公　即鄭景賢，號龍崗。耶律楚材《湛然居士文集》中有與鄭唱和之詩七十五首，相交甚深。詩句有「托身醫隱君謀妙」，醫官蓋其隱身之職也。❿届候　至此季節。⓫部曲　古代軍隊編制單位。豪門大族私家軍隊亦稱部曲。此泛指軍兵。

【語譯】七月十六日，派阿里鮮奉表章去往行宮，請示論道日期定在何時。八月七日，得到皇上批復，八月八日即動身前往，太師阿海相送數十里。丘師說：「回紇城東最近有叛亂者二千多戶，夜夜火光照城，鬧得人心不安。太師可回去安撫他們。」太師說：「你們在路上，萬一有不可預料的事變發生，可怎麼辦呢？」丘師說：「那也不關太師之事。」太師聽後才回去。十二日，過碣石城。十三日，得護送步卒一千，甲騎三百。進入大山中行進，這是鐵門關外另一條道路。步行過紅水澗，有險峻山峰，高達數里。沿山谷向東南行，山根處有鹽泉流出，見到陽光就變成白色結晶鹽，趁此機會收裝兩斗，留作途中日用。又東南行，攀上分水嶺，西望高出溪澗像冰一樣的東西，那就是鹽啊。山上還有紅色岩鹽，堅硬如石，曾親眼所見。東方只有地下出產鹽，這裡山間也出產鹽。回紇人多以餅為食，又喜好食鹽，渴了就喝生水。寒冬時節，仍有貧窮之人提瓶售水。十四日，到達鐵門關西南的山腳下。將出山處，其山門險峻，左側山崖崩塌下來，堵塞河道，使澗水從石縫下潛流一里多路。中秋節那天，到達河岸上，其水勢如同黃河，流向西北方，大家乘船過河，在河南岸住宿。西南方有一山寨，名團城，地勢險要堅固。三太子的醫官鄭公在途中與丘師相見，以詩相贈。詩云：

自古中秋月色最明，涼風過後夜景彌清。
滿天氣象沉入銀漢，四海魚龍映水清明。
吳越樓臺歌吹完滿，燕秦軍兵酒肴豐盛。
我往帝所到此河上，欲罷干戈得享太平。

泝[1]河東南行三十里，乃無水，即夜行。過班里城[2]，甚大，其眾新叛去[3]，尚聞犬吠。黎明飯畢，東行數十里，有水北流，馬僅能渡，東岸憩宿。二十二日，田鎮海來迎。及行宮，上遣復❹鎮海問曰：「便欲見邪？且少憩邪？」師曰：「入見是望，且道人從來見帝無跪拜禮，入帳折身叉手❺而已。」既見，賜湩酪❻竟，乃辭。上因問：「所居城內支供足乎？」師對：「從來蒙古回紇太師支給，邇者食用稍難，太師獨辦。」翌日，又遣近侍官合住傳旨曰：「真人每日來就食可乎？」師曰：「山野修道之人，唯好靜處。」上令從便。二十七日，車駕北迴，在路屢賜蒲萄酒瓜茶❼食。九月朔，渡航橋而北。師奏：「話期將至，可召太師阿海。」其月望，上設幄齋莊❽，退侍女左右，燈燭煒煌❾，唯闍利必鎮海❿、宣差仲祿侍於外，師與太師阿海、阿里鮮入帳坐，奏曰：「仲祿萬里周旋，鎮海數千里遠送，亦可入帳預聞道話。」於是召二人入。師有所說，即令太師阿海以蒙古語譯奏，頗愜聖懷⓫。十有九日清夜，再召師論道，上大悅。二十有三日，又宣師入幄，禮如初。上溫顏以聽，令左右錄之，仍勑誌以漢字，意示不忘。謂左右曰：「神仙三說養生之道，我甚入心，使勿泄於外⑫。」

【注釋】❶泝　多本作「溯」。溯，逆流而行。❷班里城　又作巴里黑、巴爾哈、班勒紇等，《大唐西域記》作「縛喝國」。位於阿姆河南，是中亞通往印度的要衝。成吉思汗於辛巳年攻下其城，其民降，又繼續南征，此後其民又叛，壬午年成吉思汗再攻下此城，並屠其民。又說辛巳年攻城後即屠其民。王國維考證：「太祖初克是城，自是庚辰年事，若屠城之事，則在壬午之秋。」與此記相合。❸其眾新叛去　此城民眾最近叛逃而去。此說法為遮飾之詞，實被屠虜而去。❹遣復　《道藏輯要》作「復遣」，可從。❺折身叉手　道教禮儀，躬身雙手合十為禮。❻湩酪　用馬乳或牛乳製成之酒，又說用羊奶製作之美味酸奶，皆中世紀蒙古族人最喜愛之飲品。❼茶　《道藏輯要》作「菜」。❽齋莊　齋戒莊敬，以示虔誠。❾煒煌　明亮輝煌。❿闍利必鎮海　即田鎮海。闍利必為宿衛官名。《元史・鎮海傳》載，鎮海「壬申（一二一二年）佩金虎符，為闍利必。」⓫頗愜聖懷　甚稱皇帝心意。愜，稱心；滿足。⓬勿泄於外　講道內容不可泄漏給外人。丘師在行宮為成吉思汗講道三次，內容因遵皇帝「勿泄於外」的禁令，未載於《記》中。此後耶律楚材奉敕對記錄加以整理，編輯成《玄風慶會錄》，可參閱。

【語　譯】逆河向東南行三十里，才離開此河，即開始夜間趕路。經過班里城，此城很大，城中居民剛剛叛逃而去，尚能聽到城中有狗叫聲。黎明時吃過早飯，又往東行數十里，有一河水北流，馬僅僅可以渡過，過河在東岸歇宿。二十二日，田鎮海前來迎接。到達行宮，皇上又派鎮海來問：「是想就見面呢？或是稍作休息再見呢？」丘師回答：「入見皇帝是我所盼望的，只是修道之人見皇帝從來沒有跪拜禮儀，入帳後躬身雙手合十作禮，如此而已。」見過皇帝，賜飲馬奶酒後，丘師辭別皇上回館舍。皇上就問：「沿路所過城鎮供應物品充足嗎？」丘師回答：「一路上由蒙古、回紇和太師支給物品，近來食用物品供應稍難，由太師獨自承辦。」明日，又派遣近侍官合住前往傳旨說：「真人每天前來同皇帝一起用餐好嗎？」丘師回答說：「山野修道之人，只喜歡靜處。」皇上下令隨其方便。二十七日，車駕離開行宮北行，一路上屢次派人賜給葡萄酒、瓜菜食品。九月初一，渡過航橋北進。丘師上奏皇帝說：「論道的吉期就要到了，可召太師阿海前來參加。」九月十五日，皇上命人搭設好營帳，齋戒莊敬，退去侍女和左右之人，帳內燈燭輝煌，只有闍利必田鎮海、宣差劉仲祿在帳外侍奉。丘師和太師阿海、阿里鮮入帳陪坐，丘師上奏說：「劉仲祿一路應酬打點，田鎮海數千里遠道相送，也該讓他們進帳來，聽一聽道話。」於是召二人入帳。師有所說，即命太師阿海用蒙古語譯奏，所講內容甚稱皇帝心意。十九日夜晚，再次召丘師論道，皇上聽了非常高興。二十三日，又宣召丘師入帳，禮敬如初。皇上和顏悅色的聽講，命左右記錄下，仍然敕命用漢字記下，表示不忘之意。還對在座的人說：「丘神仙三次講說養生之道，我甚入心，不可把所講內容泄漏給外人知道。」

自爾扈從❶而東，時敷奏道化❷。又數日，至邪米思干大城西南三十里。十月朔，奏告先還舊居❸，從之。上駐蹕於城之東二十里。是月六日，暨太師阿海入見，上曰：「左右不去❹如何？」師曰：「不妨。」

遂令太師阿海奏曰：「山野學道有年矣，常樂靜處行坐，御帳前軍馬雜遝❺，精神不爽。自此或在先，或在後，任意而行，山野受賜多矣。」上從之。既出，帝使人追問曰：「要禿鹿馬❻否？」師曰：「無用。」於時，微雨始作，青草復生。仲冬過半，則雨雪漸多，地脈方透❼。自師之至斯城也，有餘糧則惠飢民，又時時設粥，活者甚眾。二十有六日，即行。

十二月二十三日，雪寒，在路牛馬多凍死者。又三日，東過霍闡沒輦❽（大河也。）。至行在，聞其航橋中夜斷散❾，蓋二十八日也。帝問以震雷事。對曰：「山野聞國人夏不浴於河❿，不浣衣，不造氈，野有菌則禁其採者，畏天威也。此非奉天之道也。常聞三千之罪，莫大於不孝者，天故以是警之。今聞國俗多不孝父母，帝乘威德，可戒其眾。」上悅曰：「神仙是言，正合朕心。」勅左右紀以回紇字。師請偏諭國人，上從之。又集太子⓫、諸王、大臣曰：「漢人尊重神仙，猶汝等敬天。我今愈信真天人也。」乃以師前後奏對語諭之。且云：「天俾⑫神仙為朕言此，汝輩各銘諸心。」師辭退。逮正旦⑬，將帥醫卜等官賀師。

【注釋】❶扈從　隨從；侍從。常特指隨從帝王出巡。❷敷奏道化　陳述奏進大道，推行教化。❸舊居　指丘等兩次居住的邪米思干城內舊宮。❹左右不去　左右人等不離開。❺雜遝　同「雜沓」。形容軍馬紛雜眾多。❻禿鹿馬　前作禿鹿麻，棉布之音譯。❼地脉方透　土地解凍，雨水剛滲入地下，如人之血脈流通。❽霍闡沒輦　霍闡河，亦作忽章河，即錫爾河。癸未年元旦，丘師等在此河畔度歲受賀。❾航橋中夜斷散　浮橋半夜折斷，被河水沖散。航橋，船隻相併搭設之浮橋。❿國人夏不浴於河　貴國之人夏天禁止在河中洗浴。國人，指成吉思汗治下之民。據王國維引《多桑書》云：成吉思之法，春夏浴流水者處以死刑。⓫太子　此太子指拖雷。《元史・太祖本紀》：壬午春，皇子拖雷克也里等城，遂與帝會。此時亦隨侍同行也。⓬俾　使。⓭逮正旦　到正月初一。逮，及也。

【語譯】自此以後就隨從皇帝向東行進，隨時陳述奏進大道，推行教化。又行數日，到達邪米思干大城西南方三十里處。十月初一，丘師奏告先回到城中原住館舍，皇帝同意了。皇上駐蹕在城東二十里處。本月六日，丘師與太師阿海入見，皇帝說：「左右人等不離開可以嗎？」丘師說：「不妨事。」接著請太師阿海用蒙語轉奏他的話說：「我這山野之人學道多年了，常喜歡在安靜處活動和修煉，御帳前軍馬紛雜眾多，甚感精神不爽。自此以後，希望或在軍前，或隨軍後，任意而行，能如此則出家人受恩賜良多矣。」皇帝同意了。出帳後，皇帝派人追上問道：「要不要棉布呀？」丘師辭謝說：「用不著。」天開始下小雨，青草又生出來。十一月過一半時，雨雪漸漸增多，大地解凍，雨水開始滲透地下。自從丘師到達邪米思干城，有餘糧就施捨給飢民，還時時設粥賑飢，救活飢民甚多。二十六日，再次啟行。

十二月二十三日，因降雪天氣寒冷，路上多有牛馬被凍死。又行三日，東過錫爾河。（這是一條大河。）到達行宮，聽說這裡的浮橋半夜折斷，被河水沖散，這天大概是二十八日。皇帝以雷震事相問。丘師回答：「我聽說貴國之人夏天不許在河中洗浴，不許在河邊漂洗衣服，不許造氈子，野地裡有菌類亦禁止他們採食，這是畏懼上天之威罰。僅此還不算奉行天道。曾聽說三千種罪行，沒有比不孝更大的，天故以此警戒下民。今聞貴國習俗，多不孝順父母，皇帝當乘天之威德，警戒眾民行孝。」皇上高興說：「神仙此言正合朕之心意。」敕命左右用回紇文記下來。丘師請求遍告國人，皇上也接受了。又集合太子、諸王、大臣，對他們說：「漢人尊重神仙，如同你們尊敬天。我今天愈發相信丘神仙是真天人也。」接著把丘師前後奏對之語，告諭他們。並說：「上天派神仙來為朕說了這些道理，你們每個人都要銘記於心。」丘師告辭退去。到正月初一，將帥醫卜等官員，都來向丘師賀歲。

十有一日，馬首遂東。西望邪米思干千餘里，駐大果園中。十有九日，父師誕日❶，眾官炷香為壽❷。二十八日，太師府提控李公別去。師謂曰：「再相見也無？」李公曰：「三月相見。」師曰：「汝不知天理，二三月決東歸矣。」二十一日，東遷一程，至一大川❸，東北去賽藍約三程。水草豐茂，可飽牛馬，因盤桓❹焉。二月上七日❺，師入見，奏曰：「山野離海上，約三年迴，今茲三年，復得歸山❻，固所願也。」上曰：「朕已東矣，同途可乎？」對曰：「得先行便，來時，漢人問山野以還期，嘗荅云三歲。今上所諮訪敷奏訖，因復固辭。」上曰：「少俟三五日，太子來，前來道話❼，所有未解者，朕悟即行。」八日，上獵東山下，射一大豕❽，馬踣失馭❾，豕傍立不敢前，左右進馬，遂罷獵，還行宮。師聞之，入諫曰：「天道好生，今聖壽已高❿，宜少出獵。墜馬，天戒也。豕不敢前，天護之也。」上曰：「朕已深省，神仙勸我良是。我蒙古人，騎射少所習，未能遽已。雖然，神仙之言在衷焉⓫。」上顧謂吉息利荅剌汗⓬曰：「但神仙勸我語，以後都依也。」自後兩月不出獵。

二十有四日，再辭朝。上曰：「神仙將去，當與何物，朕將思之，更少待幾日。」師知不可遽辭，徊翔以待⓭。三月七日，又辭。上賜牛馬等物，師皆不受。曰：「祇得馹騎足矣。」上問通事⓮阿里鮮曰：「漢地神仙弟子多少？」對曰：「甚眾。神仙來時，德興府龍陽觀中，常見官司催督差發⓯。」上謂曰：「應於門下人悉令蠲免。」仍賜聖旨文字一通，且用御寶⓰。因命阿里鮮河西也。⓱為宣差，以蒙古帶、喝剌八海副之，護師東還。

【注　釋】❶父師誕日　丘師誕辰之日。丘生於金皇統八年戊辰（一一四八年）正月十九日，至癸未（一二二三年），已有七十五歲高齡。❷炷香為壽　焚香祝壽。❸大川　大河。此河指塔什干附近之乞兒乞克河，此河流入錫爾河。❹盤桓　逗留不進，暫住休整。❺上七日　初七日。農曆每月有初七、十七、二十七，稱上中下七日。❻歸山　回到道觀中修行。❼道話　說話。當指商議國事。❽大豕　大野豬。❾馬踣失馭　戰馬仆倒，失去控制。❿聖壽已高　臣尊稱君的年齡為聖壽。此年成吉思汗為六十二歲。⓫在衷焉　在內心中。指牢記心中，不敢忘懷。⓬吉息利荅剌汗　吉息利又作啟昔禮，人名。荅剌汗，蒙古爵位名，近代作達爾罕。據《元史・哈剌哈孫傳》載：啟昔禮始事王可汗，王可汗與太祖（成吉思汗）約為兄弟，及太祖得志，陰忌之，謀害太祖。啟昔禮以其謀來告太祖，乃與二千餘人一夕遁去，諸部聞者多歸之，還攻滅王可汗，并其眾。擢啟昔禮為千戶，賜號荅剌汗，從平河西、西域諸國。⓭徊翔以待　迂迴周旋，等候允准。⓮通事　掌管傳遞奏章和皇帝旨意的官員。《元史・百官志五》：「通事、知印各二人。」又指翻譯人員。阿里鮮為通事，兼作宣差。⑮差發　蒙古賦斂之稱。宋彭大雅《黑韃事略》載：「其賦斂差發，數馬而乳，宰羊而食，皆視民戶畜牧之多寡而征之，猶漢法之上供。」道士不養馬羊，當為一般差役賦稅，仍沿用舊稱耳。⑯御寶　皇帝的大印，即玉璽。⑰河西　多本西下有「人」字。河西，泛指黃河以西地區，亦稱河右。相當於甘肅河西走廊一帶。

【語譯】正月十一日，馬首朝向東方行進。西望邪米思干城，已在千里之外，住宿在一個大果園中。十九日，是丘師誕辰，眾官員都焚香為他祝壽。二十八日，太師府提控官李公與丘師分別，將要離去。丘師對他說：「還能再見面嗎？」李公回答說：「三月分就能相見。」丘師說：「你不知曉天道變化的道理，二三月分我肯定東歸了。」二十一日，向東行進一程，來到一條大河岸邊，東北方距賽蘭城有三日行程。這裡水草豐美，可餵飽牛馬，因而稍住幾日休整。二月初七日，丘師入見皇上，奏請說：「出家人離開海濱道觀時，約定三年返回，現在已經三年，再能回山修行，本所願也。」皇上說：「朕已東行，一同走可以嗎？」回答說：「能先行更方便些，來的時候漢人道友問出家人回歸日期，曾經回答說三年。現在皇上所要諮詢之事都已陳述完畢，因而再次請求辭行。」皇上說：「稍等三五天，太子前來商議要事，有不能解者，請協助朕參悟明白，即可啟行。」八日，皇上去東山山下打獵，射一大野豬時，戰馬仆倒，無法控馭，大野豬站在近旁不敢向前，左右侍衛催馬向前護駕，方得無事，接著即結束打獵，返回行宮。丘師聞知此事，入營帳諫止說：「天道好生，現在皇上年事已高，應該少出去打獵。此次墜馬，是上天發出的警戒。野豬不敢向前，是上天護衛皇上。」皇上說：「朕已深深省悟，神仙勸我之言很對。我們蒙古人，騎馬射箭少年所習，不能立即停止。雖然如此，神仙的話已銘記在心。」皇上看著吉息利答刺汗說：「只要是神仙勸我之語，以後都要依從照辦。」自此以後，皇上兩個月未出宮打獵。

二月二十四日，丘師再次辭行。皇上說：「神仙將要離去，應當賜給什麼禮物，朕將思考此事，再稍等幾天吧。」丘師知不可驟然辭去，只能迂迴周旋，慢慢等待。三月七日，又辭行，皇上賜給牛馬等物，丘師都推辭不受。他說：「只需驛站提供馬匹就足夠了。」皇上問通事阿里鮮說：「漢人地區丘神仙的弟子有多少？」回答說：「很多。神仙來的時候，德興府龍陽觀中，曾看見地方官吏在那裡催督差發。」皇上命令說：「應該把他門下弟子之差發，全部免掉。」又賜下一道聖旨，而且加蓋了御璽。任命阿里鮮（河西地區人。）為宣差，以蒙古帶、喝刺八海為副手，護送丘師東歸。

六　回歸途中

【題解】癸未（一二二三年）三月十日，丘三次辭朝，終得允准，於賽蘭城西起程東歸，歷經五個多月，於是年八月十二日到達宣德，基本完成回歸行程。返回時，因急於趕路，行旅匆匆，中途停留時間很少，所記內容亦相對較少。可分四段。㈠三月十日起程東行三日，在賽蘭城東南山見兩頭蛇。祭奠趙九古墓，不攜趙遺骨東歸。四月五日至阿里馬城，走北路，五月初至田鎮海城，宋道安等留守弟子迎入棲霞觀。概述風塚奇觀及氣候、特產及迎送情況。㈡稍作停留，五月七日分三批由南路東歸。十四日丘率尹志平等十六人上路。途中丘曾患病，進食極少，六月二十二日至豐州漢人地區，乃進食而癒。㈢七月初至下水，千人瞻禮，郊遊放生。阿里鮮欲往山東招諭，求尹志平同行，丘思之再三而允准，並令尹攜手書約東沿途道眾。㈣八月十二日至宣德，入居朝元觀，十、十一、十二月皆有醮事。在德興龍陽觀住冬。

十日，辭朝行。自荅刺汗❶已下，皆攜蒲萄酒珍果，相送數十里。臨別，眾皆揮涕。三日，至賽藍大城之東南山，有蛇兩頭❷，長二尺許，土人往往見之。望日，門人出郊致奠於虛靜先生趙公之墓。眾議欲負其骨歸❸，師曰：「四大假軀，終為弃物❹。一靈真性，自在無拘❺。」眾議乃息。師明日遂行。二十有三日，宣差阿狗追餞師於吹沒輦❻之南岸。又十日，至阿里馬城西百餘里，濟大河❼。四月五日，至阿里馬城之東園。二太子之太匠張公❽固請曰：「弟子所居，營三壇❾，四百餘人晨參暮禮，未嘗懈怠。且預接數日，伏願仙慈渡河，俾壇眾得以請教，幸甚。」師辭曰：「南方因緣已近，不能遷路❿以行。」復堅請，師曰：「若無佗事，即當往焉。」翌日，師所乘馬突東北去，從者不能挽。於是張公等悲泣而言曰：「我輩無緣，天不許其行矣。」

晚抵陰山⓫前宿。又明日，復度四十八橋，緣溪上五十里至天池海。東北過陰山後，行二日，方接元歷金山南大河驛路⓬。復經金山東南，北並山行。四月二十八日，大雨雪。翌日，滿山皆白。又東北並山行三日，至阿不罕山前⓭。門人宋道安輩九人，同長春、玉華會眾，宣差郭德全輩，遠迎入棲霞觀，歸依⓮者日眾。師下車時，雨再降，人相賀曰：

「從來此地經夏少雨，縱有雷[15]雨，多於南北兩山之間，今日霑足[16]，皆我師道廕所致也。」居人常歲疏河灌田圃，至八月床[17]麥始熟，終不及天雨。秋成則地鼠為害，鼠多白者。此地寒多，物晚結實。五月，河岸土深尺餘，其下堅冰亦尺許。齋後，日使人取之。南望高嶺積雪，盛暑不消。多有異事。少西海子[18]傍有風塚[19]，其上土白堊[20]，多粉裂[21]其上，二三月中，即風起南山，嵒穴先鳴，蓋先驅也。風自塚間出，初旋動如羊角者百千數。少焉，合為一風，飛沙走石，發屋拔木，勢震百川，息於巽隅[22]。又東南澗後，有水磨三四，至平地則水漸微而絕。山出石炭[23]。又東有二泉，三冬暴漲如江湖，復潛行地中，俄而突出，魚鰕隨之，或漂沒居民，仲春漸消，地乃陷。西北千餘里儉儉州[24]，出良鐵，多青鼠，亦收床[25]麥，漢匠千百人居之，織綾羅錦綺。道院西南望金山，其山多雨雹，五六月間，或有大雪，深丈餘。此地間有沙陀，出肉蓯蓉[26]，國人呼曰唆眼。水曰兀速，草曰愛不速。

【注　釋】❶荅剌汗　蒙古爵位名。據《南村輟耕錄》載：荅剌汗者，譯言一國之長，自由之意。起初非勛戚不授，到元世祖忽必烈至元九年（一二七〇年），世祖錄勛臣後，拜王宿衛官襲號荅剌汗。《元史》中常見此稱。❷有蛇兩頭　據近代俄人雷甫興《吉利吉思哈薩克紀事》載，此地產蛇種類繁多。末注云：土人謂尚有兩頭蛇一種，然未之見也。徐樓《土耳其斯坦遊記》載，笈柴克至撒馬兒罕中間有地曰蛇峽，蛇最多。有一種韃靼蛇，其尾短而粗，遠望之與頭無異，兩頭蛇之說或由此起。❸負其骨歸　負載趙之遺骨返回中原故土。❹四大假軀二句　借助四大合成之身軀，終究要腐朽為棄物。四大指地水火風，來自佛家之說，認為世界萬物和人自身都是由四大和合而成，處於不斷變化、生滅過程中，無永恆不變的自性，不可執著。❺一靈真性二句　只有靈明真性，自在永恆，逍遙無拘。王重陽首創的道教全真派，以「澄心定意，抱元守一，存神固氣」為真功，以「濟貧拔苦，先人後己，與物無私」為真行，功行俱全，是為全真。認為超越生死在於自身的本性，本性即元神，即道，通過「內修心性，外煉功行」的修持方法，可達功行完滿的真人，形軀則為外在，不必執著。❻吹沒輦即今之楚河，隋唐時名碎葉川。在吉爾吉斯和哈薩克境內。源出天山，上游谷深流急，經伊塞克湖西北流，過楚河盆地，消失於沙漠中。❼大河　指伊犁河。❽太匠張公　王國維以為即張榮也。《元史·張榮傳》載：戊寅（一二一八年）領軍匠從太祖征西域諸國。庚辰（一二二〇年）八月至西域莫蘭河，不能涉。太祖召問濟河之策，榮請造舟，乃督工匠造船百艘，遂濟河。協助二太子督工造橋，當即此人。❾營三壇　按道教要求營造三個拜神祈福的祭壇。❿還路　改變路線。當是張公居處距丘師東歸之路較遠，需繞路費時。⓫陰山　指天山支脈薄羅火魯山。⓬金山南大河驛路　指布爾根河、烏倫古河一帶之古驛道。返回時在天池（賽里木湖）東與來時路線相分，轉向東北，沿山路前行。此路比原路較直，僅用時一月抵達金山。⓭阿不罕山前　即田鎮海建城築倉屯糧之處。丘等來時，因前路難行，命宋道安等九人在此留守，建棲霞觀。⓮歸依　常作皈依。佛教稱身心返歸於佛法僧。道教亦沿之，指虔誠信奉道教或拜師入道出家。⓯雷　《道藏輯要》作「雪」。⓰霑足　雨水充足。霑，潤澤；滋潤。⓱床　《道藏輯要》作「禾」。⓲海子　指阿剌湖。湖中有山名阿拉爾托伯山，孤峰突起，又稱鐵山。劉郁《西使記》：「鐵山風出，往往吹行人墮海中。」俄人普吉瓦耳斯吉《羅布卓爾紀程》載，當地韃靼人和吉利吉思人（中國人稱纏頭）迷信羊角風自山穴中出。喀爾馬克人曾移石塞穴，未克成功。⑲風塚　藏風之山洞。古人以為風雲是從山洞中發出來的。晉張華《博物志》：「風山之首，方高三百里，風穴如電突，深三十里，春風自此而出也。」蘇州虎丘山有一岩洞，題有「風壑雲泉」，即為此種觀念的現代表現。⑳白堊　石灰岩的一種，色白不透明，質軟而輕。磨成精粉，和以油料，可作塗料。㉑粉裂　碎裂風化而成粉狀，隨風揚起白色煙塵。㉒巽隅　東南角。按八卦方位，巽卦處東南方。㉓石炭　煤之古稱。據探科布多東南山中產煤，與此合。㉔儉儉州　又作謙州、謙謙州、欠欠州。據《元史・地理志》西北地附錄：謙州亦以河為名，去大都九千里。在吉利吉思東南，謙河西南，唐麓嶺之北，居民數千家，悉蒙古回紇人，有工匠數局，蓋國初所徙漢人也。地沃衍宜稼，夏種秋成，不煩耘耔（除草培土）。謙河即今葉尼塞河上游烏魯克穆河。㉕床　《道藏輯要》作「庥」，它本多作「禾」。考此地產大小麥、青稞、禾粟等，無產庥記載，當作「禾」為是。㉖肉蓯蓉　列當科草本多年生寄生植物，黃褐色，鱗片狀葉。莖曬乾入藥，有補腎壯陽之功效。且藥性溫和，補而不峻，故有從容之號。主產於內蒙古、西北地區。

【語　譯】二月十日，辭朝起行，自荅剌汗以下官員人等，都帶著葡萄酒和各種珍奇果品前來，相送數十里。臨別時，眾人皆揮淚。走了三天，到達賽蘭城東南山，據說這裡有蛇首尾兩端皆有頭，長約二尺，當地人常常看見。三月十五日，弟子們去郊外，到趙虛靜先生墓前祭奠。大家議論想把趙的遺骨運載回中原，丘師說：「四大和合的身體，終究要變成棄物。只有一點靈明真性，才是自在永恆。」眾人領悟丘師深意，議論亦隨之停止。明日繼續東行。二十三日，宣差楊阿狗追隨丘師一行到吹河南岸，為師餞行。又行十日，到阿里馬城西百餘里處，渡過伊犁河。四月五日，至阿里馬城東園。二太子之大匠張榮再三邀請說：「弟子所居之處，營造三個法壇，有四百多人晨參暮禮，未嘗懈怠。而且提前數日準備迎接仙師大駕，躬請仙師大發慈悲之心渡河前往，使在法壇恭候的信眾得以請教，那就太好了。」丘師推辭說：「南方因緣已然臨近，不可改變返回路線。」張公決意請求，丘師回答：「如果沒有其他事發生，即當前往。」第二天，丘師所乘馬突然向東北奔去，隨從之人無法牽住。於是張公悲泣著說：「我們這些人沒有緣分，上天不許仙師前往啊。」

晚上，抵達陰山前住宿。次日，又通過四十八橋，沿溪流上行五十里，到達天池海。轉向東北行，過陰山後，又走兩天，才與原來走過的金山南側沿河驛路相接。再經金山東南，北並山麓東南行。四月二十八日，天降大雪。第二天，滿山皆白。又轉向東並山前行三日，到達阿不罕山前。門人宋道安等九人，同長春、玉華會的道眾，宣差郭德全等，遠迎丘師一行入棲霞觀，前來歸依之人一天比一天多。丘師下車時，又開始下雨，人們相互慶賀說：「此地從來夏天少雨，即使有雨雪，也多降於南北兩山之間，今天雨水滋潤豐足，都是我師大道福蔭所致。」此地居民經常疏通河渠灌溉農田和園圃，到八月分，禾麥開始成熟，始終等不到天降雨。穀物成熟之後，則有地鼠為害，鼠多白色。此地寒冷時間長，穀物結實晚。五月，河岸上解凍之土有一尺厚，其下面堅冰亦有一尺多厚。飯後，丘師每天使人取樣觀察。南望高峰頂上積雪，盛暑季節亦不消融。此地多有奇異之事。稍往西之阿拉湖旁有風塚，其上面為風化的石灰岩，多碎裂成粉狀，二三月間，風從南山刮起，岩洞先發出嗚叫聲，大約為風之前導。風由風塚的岩洞中湧出，起初盤旋升空如千百羊角。少頃便合一股巨風，吹得飛砂走石，屋破樹拔，勢震百川，最後息於東南隅。又，在東南方山澗後面，有水磨三四盤，水流至平地則水勢漸微而終於斷流。此山出產煤。再往東有二股泉水，三冬季節，水量暴漲，如同江湖，又潛行於地下，突然冒出來，魚蝦也隨之而出，有時沖走或淹沒民居，仲春時節水勢漸消，地面隨之塌陷。西北方千餘里處有儉儉州，出產優質鐵，多青鼠，亦收穫禾麥，漢族工匠千百人居住於此，能織綾羅錦綺。從棲霞道院望西南之金山，此山多降冰雹，五六月或有大雪，深達丈餘。此地間或有沙漠，出產肉蓯蓉，當地人稱為唆眼。水名叫兀速，草名叫愛不速。

深入山陰❶，松皆十丈許。會眾白師曰：「此地深蕃❷，太古以來，不聞正教❸，唯山精鬼魅惑人。自師立觀，疊設醮筵❹，旦望作會❺，人多以殺生為戒，若非道化，何以得然？」先是壬午年，道眾為不善人妒害❻，眾不安。宋公道安晝寢方丈❼，忽於天窗中見虛靜先生趙公曰：「有書至。」道安問：「從何來？」曰：「天上來。」受而視之，止見「太清」二字，忽隱去。翌日，師有書至，魔事漸消。又醫者羅生橫生非毀❽，一日墮馬觀前，折其脛，即自悔曰：「我之過也。」對道眾服罪。師東行，書教語一篇示眾云：

萬里乘官馬，三年別故人。
干戈猶未息，《道德》偶然陳。
論氣❾當秋夜對上論養生事，故云。，還鄉及暮春。
思歸無限眾❿，不得下情伸。

阿里鮮等白師曰：「南路⓫饒沙石，鮮水草，使客甚繁，馬甚苦，恐留滯。」師曰：「分三班以進，吾徒無患矣。」五月七日，今宋道安、夏志誠、宋德方、孟志溫、何志堅、潘德沖六人先行。十有四日，師挈尹志平、王志明、于志可、鞠志圓、楊志靜、綦志清六人次之。餞行者夾谷妃、郭宣差、李萬戶等數十人，送二十里皆下馬，再拜泣別，師策馬亟進。十有八日，張志素、孫志堅、鄭志脩、張志遠、李志常五人又次之。師東行十六日，過大山，山上有雪，甚寒。易騎於拂廬⓬。十七日，師不食，但時時飲湯。東南過大沙場，有草木，其間多蚊虻，夜宿河東。又數日，師或乘車，尹志平輩諮師曰：「奚疾？」師曰：「余疾非醫可測，聖賢琢磨[13]故也。卒未能愈，汝輩勿慮。」眾愀然不釋[14]。是夕，尹志平夢人曰：「師之疾，公輩勿憂，至漢地當自愈。」行又經沙路三百餘里，水草絕少，馬夜進不息，再宿乃出[15]。地臨夏人之北陲[16]，廬帳漸廣，馬易得，後行者乃及師。六月二十一日，宿漁陽關[17]，師尚未食。明日度關而東五十餘里，豐州[18]元帥以下來迎。宣差俞公請泊其家，奉以湯餅，是日輒飽食，繼而設齋，飲食乃如故。道眾相謂曰：「清和前日之夢，驗不虛矣。」時已季夏[19]，北軒涼風入坐，俞公以璽紙求書[20]，師書之云：

身閑無俗念，鳥宿至雞鳴。
一眼不能睡，寸心何所縈[21]。
雲收溪月白，炁爽谷神清[22]。
不是朝昏坐，行功扭捏成[23]。

【注　釋】❶山陰　山之北坡。丘等來時，路過長松嶺，記其地松栝「多生山陰澗道間，山陽極少」。長松嶺為杭愛山支脈，與此地相近，故山中樹木生態亦同。❷深蕃　西域蕃國之縱深地區。❸正教　此指道教，亦即全真派道法。❹醮筵　醮為道士設壇作法事，祭禱神靈禳災除禍、祈求福佑的重要儀式。設醮必按要求擺設供神食品，即為筵。詳見本書頁七注㉘。❺旦望作會　每逢初一、十五，都要聚會作法事。❻妬害　妒忌陷害。❼方丈　道教觀主的住室，觀主亦稱方丈。❽橫生非毀　無端捏造對道教非議詆毀之言。❾論氣　論煉氣養生之道。丘與成吉思汗論道中即有此種內容。如講「氣實則健，氣散則否」、「去奢屏欲固精守神」，使「陰消而陽全，則升乎天而為仙」之類。❿思歸無限眾　思念東歸有無限眾多的理由。⓫南路　丘等來時走北路，返回走南路。即由科布多或烏里雅蘇臺至歸化（今內蒙古呼和浩特市）之驛路，此路線比之北路要縮短許多，故由五月出發，七月即基本完成。⓬拂廬　驛站所建圓頂大帳棚。⓭聖賢琢磨　聖賢對我的磨煉。聖賢泛指道教尊神、重陽祖師等。⓮愀然不釋　憂懼鬱悶，放不下心。⓯再宿乃出　再趕一宿夜路，才走出沙漠地帶。⓰夏人之北陲　西夏國北部邊境地帶。約在今甘肅省北部。⓱漁陽關　在今內蒙古烏拉特旗夾山一帶。《遼史．天祚紀》載：保大二年，帝避金兵入夾山，四年率軍出夾山，下漁陽嶺。漁陽嶺即夾山南口，西夏曾設關於此，即漁陽關也。⓲豐州　在今呼和浩特市東北十八公里，舊城已堙。⓳季夏　夏季三個月的末月，即八月。此泛指夏季。⓴以璽紙求書　用蓋有皇帝玉璽的紙張求丘題寫。㉑縈　牽掛；繫念。㉒炁爽谷神清　呼吸清爽則心神虛靜。炁，多本作氣。谷神，空虛之神，比喻永恆的創造本體，亦即大道。源於《老子》：「谷神不死，是為玄牝。玄牝之門，是為天地根。」㉓行功扭捏成　修煉時扭動身軀，推動元氣周流，以助成內煉之功。

【語　譯】深入大山北坡，見松樹都高達十多丈。道眾們對丘師說：「這裡是西域蕃國縱深地域，自遠古以來，就沒聽說過道教，只有山精鬼魅迷惑人。自從父師建立棲霞觀，連續設齋醮，逢初一十五聚眾講經作法事，人們大都以殺生為戒，如果不是大道的教化，怎麼能作到這樣呢？」先是在壬午（一二二二年）年，道眾遭不善之人妒忌陷害，眾心不安。宋公道安在觀主居室中午睡，忽然從天窗中看見趙虛靜先生說：「有書信到來。」道安問：「書從何處來？」回答：「從天上來。」接過信來一看，只見「太清」二字，忽然全都隱去。第二天，丘師有書信來到，鬼魅迷惑人之事漸漸消失。又有一位姓羅的醫生，無端捏造對道教的非議詆毀之詞，一天路過道觀前跌下馬來，摔斷了小腿骨，他即刻悔悟說：「這是我的過錯呀。」立刻對道眾服罪改過。丘師東行中，書寫一篇教語給眾人曰：

乘驛馬萬里而來，別故人三載有餘。
干戈紛爭還未息，道德真義偶陳說。
論氣養生在秋夜，（對皇上論說養生之事，故如此說。）還鄉之時已暮春。
思念東歸無限事，下情豈能一一伸。

阿里鮮等人對丘師說：「南面這條驛路沙石很多，水草很少，如果同行客人太多，馬匹太疲勞，恐怕要滯留途中。」丘師說：「分成三批出發，對我們師徒可不必擔心。」五月七日，命宋道安、夏志誠、宋德方、孟志溫、何志堅、潘德沖六人先行。十四日，丘師帶領尹志平、王志明、于志可、鞠志圓、楊志靜、綦志清六人第二批出發。餞行之人有夾谷妃、郭宣差、李萬戶等數十人，相送至二十里外，都下馬再拜泣別，丘師以鞭策馬疾速前行。十八日，張志素、孫志堅、鄭志脩、張志遠、李志常五人最後上路。丘師東行十六天，越過大山，山上有雪，甚為寒冷。在驛站大帳棚內換了馬匹。十七日，丘師不進食，只是常喝些熱水。東南行經過大沙漠，有草木，多蚊虻，夜裡住宿於河東。又過數日，丘師有時乘車，尹志平等人詢問丘師說：「得何疾病？」丘師說：「我的病不是醫生可以測知，是道教尊神祖師對我的磨煉。倉卒間不能痊癒，你們不必擔心。」眾人憂懼鬱悶，放心不下。這天夜裡，尹志平夢見有人對他說：「丘師之病，你們不用擔憂，到漢族聚居地區，當會自行痊癒。」繼續前行，經過沙漠道路三百餘里，水草絕少，馬匹夜間趕路前行，不休息，又走一宿才出了沙漠。此地與西夏國北疆相臨，蒙古人居住的廬帳漸漸增多，馬匹也容易得到，最後一批出發的人也趕上丘師會合。六月二十一日，在漁陽關住宿，丘師還未進食。第二天，過關東行五十多里，豐州元帥帶領以下官員前來迎接。宣差俞公請丘師住到他家裡，奉上湯麵，這一天，丘師飽食一頓，接著設齋，飲食一切如故。道眾們相互說：「清和先生以前之夢，應驗不虛啊。」時間已至夏季，北廊涼風吹入坐席，俞公把加蓋玉璽的紙張拿來請丘師題字，丘師書詩曰：

一身安閒無俗念，經由傍晚至雞鳴。
一眼未眨不能睡，泉泉寸心何所牽。
雲收霧散溪月白，呼吸清爽谷神明。
不是朝昏枯坐定，行功扭捏以助成。

七月朔，復起。三日至下水❶，元帥夾谷公❷出郭來迎，館於所居，來瞻禮者，無慮❸千人。元帥日益敬。有雞鴈❹三，七夕日，師遊郭外，放之海子中，少焉翔戲於風濤之間，容與自得❺。師賦詩曰：

養爾存心欲薦庖❻，逢吾念善不為肴。
扁舟送在鯨波❼裡，會待三秋長六梢❽。

又云：

兩兩三三好弟兄，秋來羽翼未能成。
放歸碧海深沉處，浩蕩波瀾快野情。

翌日乃行。是月九日，至雲中❾，宣差總管阿不合，與道眾出郭，以步輦❿迎歸於第，樓居二十餘日。總管以下，晨參暮禮，雲中士大夫日來請教。以詩贈之云：

得旨還鄉早，乘春造物多。
三陽初變化⓫，一氣自沖和⓬。
驛馬程程送，雲山處處羅。
京城一萬里，重到即如何。

十有三日，宣差阿里鮮欲往山東招諭⑬，懇求與門弟子尹志平行。師曰：「天意未許，雖往何益。」阿里鮮再拜曰：「若國王臨以大軍，生靈必遭殺戮，願父師一言垂慈。」師良久曰：「雖救之不得，猶愈於坐視其死也。」乃令清和同往，即付招諭書二副。又聞宣德以南，諸方道眾來參者多，恐隨庵困於接待，令尹公約束，付親筆云：「長行萬里，一去三年。多少道人，縱橫無賴者⑭，尹公到日，一面施行⑮，勿使教門有妨道化。眾生福薄，容易轉流⑯。上山即難，下坡省力耳。」宣德元帥移剌公⑰遣專使持書至雲中，以取乘馬奉師。

【注釋】❶下水　地名，在今呼和浩特市南部。❷元帥夾谷公　王國維據李庭《寓庵集》六〈夾谷公墓志銘〉推斷，指夾谷通住。其〈墓志銘〉言，夾谷通住本居下水鎮深井村，歸太祖後為千夫長，累立軍功，擢升為山西路行省招討使，兼兵馬都元帥。❸無慮　不計慮，引申為大略、大概之意。❹雞鴈　野生禽類，具體所指不詳，丘師用來放生。❺容與自得　自在安逸、逍遙適意的樣子。❻薦庖　送進廚房，作成佳肴。❼鯨波　江河湖海中的巨大波浪。❽長六梢　長得羽翼豐滿。❾雲中　地名，即今山西大同。❿步輦　輦本為車，殷周時用以載貨物，秦時去輪為輿，改由人抬，稱步輦，為皇帝皇后出行專用。⓫三陽初變化　春天萬物開始發生變化。

三陽，春之始也。古人以農曆十一月冬至為一陽生，即陰氣漸消，陽氣漸長。十二月二陽生，正月三陽生，稱三陽開泰，天地通，陰陽合，萬物萌生變化。⑫一氣自沖和　一氣中包含陰陽對立屬性，通過自身相互作用，達到中和。此意源自《老子》：「萬物負陰而抱陽，沖氣以為和。」⑬招諭　招撫。指對山東各地反元武裝進行招降撫慰。⑭縱橫無賴者　橫蠻無恥，破壞教規的道徒。⑮一面施行　獨當一面加以處治。⑯轉流　改變信仰，流於邪惡。⑰宣德元帥移剌公　即耶律禿花，為耶律阿海之弟。丘等來時，此人即為宣德州元帥。

【語　譯】七月初一，再次起程。三日，到達下水城，元帥夾谷公出城迎接，請丘等下榻在他的居所，前來瞻仰禮拜的大概有一千多人。夾谷公對丘師一天比一天敬重。其家養著三隻野禽，七月七日，丘師到城外郊遊，把野禽帶去放生湖中，不一會工夫，牠們便飛翔嬉戲在風波浪濤之間，安逸自在。丘師賦詩曰：

養爾存心送入庖廚，逢吾善念未成佳肴。
扁舟送汝至波濤裡，待到深秋長成羽毛。

又一首詩云：

三三兩兩眾好弟兄，秋天來到羽翼未成。
放歸碧海縱深之處，浩蕩波瀾快慰野情。

第二天又起程。七月九日到達雲中城，宣差總管阿不合與道眾出城外，用步輦迎接丘師到他的府中，在樓內居住二十餘日。總管以下人等晨參暮禮，雲中城的士大夫天天前來請教。丘師以詩相贈云：

得旨回鄉本早，乘春造物繁多。

初春始生變化，一氣自能沖和。
驛馬程程遠送，雲山處處羅列。
京城相隔萬里，重至又當如何。

十三日，宣差阿里鮮想去山東招撫各路反元武裝，懇求丘師弟子尹志平同行。丘師說：「天意未許，雖前往又有何益。」阿里鮮再次禮拜說：「如果皇上統大軍前往，生靈必遭殺戮，願父師垂降慈悲之語。」丘師思索好一會才說：「雖然挽救不了，還是勝於坐視其死也。」乃命尹清和一同前往，隨即交給他們招撫信函兩封。又聽說宣德以南各方道眾前來參拜者甚多，擔心所經過的道教庵觀困於接待，命尹志平代表自己進行約束整頓，付給尹一封親筆信說：「長行萬里，一去三年。有多少道眾橫蠻無恥、不守教規者，尹公到日，可獨立進行處治，不可使教門妨礙道化。眾生福薄，容易改變信仰流於邪惡。如同上山很難，下坡卻省力得多。」宣德元帥耶律禿花派專使持書信至雲中，取回自己的乘馬奉送給丘師，以表敬意。

八月初，東邁楊河❶，歷白登、天城、懷安❷，渡潰河❸。凡十有二日，至宣德，元帥具威儀出郭西遠迎。師入居州之朝元觀，道友敬奉。遂書四十字云：

萬里遊生界❹，三年別故鄉。

迴頭身已老，過眼夢何長。
浩浩天空闊，紛紛事杳茫。
江南及塞北，從古至今常。

道眾且云：「去冬有見虛靜先生趙公牽馬自門入者，眾為之出迎，忽不見。又德興安定亦有人見之。」河朔❺州府王官將帥及一切士庶，爭以書疏來請，若輻輳然❻，止迴答數字而已。有云：「王室未寧，道門先暢。開度有緣，恢弘❼無量。群方帥首，志心歸向。恨不化身，分酬眾望。」十月朔，作醮於龍門川。望日，醮於本州朝元觀。十一月望，宋德方等以向日過野狐嶺見白骨所發願心，乃同太君尹千億醮於德興之龍陽觀，濟度❽孤魂。前數日稍寒，及設醮二夜三日，有如春。醮畢，元帥賈昌至自行在，傳旨：「神仙自春及夏，道途匪易。所得食物馹騎好否？到宣德等處，有司在意館穀❾否？招諭在下人戶得來否？朕常念神仙，神仙無忘朕。」十二月既望，醮於蔚州❿三館。師於龍陽住冬，旦夕常往龍岡閑步，下視德興，以兵革之後，村落蕭條，作詩以寫其意云：

昔年林木參天合，今日村坊偏地開[11]。
無限蒼生臨白刃，幾多華屋變青灰。

又云：

豪傑痛吟千萬首，古今能有幾多人。
研窮物外閑中趣[12]，得脫輪迴泉下塵[13]。

甲申[14]之春二月朔，醮於縉山[15]之秋陽觀。觀在大翮山[16]之陽，山水明秀，松蘿煙月[17]，道家之地也。以詩題其槩云：

秋陽觀後碧崟深，萬頃煙霞插翠岑[18]。
一徑桃花春水急，彎環流出洞天心[19]。

又云：

群山一帶碧嵯峨[20]，上有群仙日夜過。

洞府深沉人不到，時聞巖辟洞仙歌。

燕京行省金紫石抹公㉑、宣差便宜劉公㉒以下諸官，遣使者持疏懇請師住大天長觀㉓，許之。既而以驛召㉔，乃度居庸而南。燕京道友來迎於南口㉕神游觀。明日，四遠父老士女，以香花導師入京，瞻禮者塞路。初師之西行也，眾請還期，師曰：「三載歸，三載歸。」至是果如其言㉖。以上七日入天長觀，齋者日千人。望日，會眾請赴玉虛觀。是月二十五日，喝刺至自行宮，傳旨：「神仙至漢地以清淨道化人，每日與朕誦經祝壽，甚好。教神仙好田地內愛住處住。道與阿里鮮，神仙壽高，善為護持。神仙無忘朕舊言。」

【注釋】❶楊河　即今洋河，為桑乾河支流，在河北西北部。源出內蒙古興和縣，東南流至懷來縣入桑乾河。❷白登天城懷安　白登，今山西北部陽高。天城，今山西天鎮。懷安，今河北懷安。❸潰河　多本作渾河，指桑乾河。❹生界　陌生地域。丘西行所經高山大漠，所見異國風情、民俗物產等，皆前所未見之陌生地域。❺河朔　泛指黃河以北的一些地方。河，黃河。朔，北方。❻若輻輳然　像車輪的輻木向中央的車轂集中一樣。比喻眾人由四面八方奔向丘師請教。輳亦作湊。❼恢弘　發揚；擴展。❽濟度　救濟超度。❾在意館穀　用心照顧好丘師的居住和飲食。⑩蔚州　今河北蔚縣。⑪村坊徧地開　村子裡圍牆柵欄都被推倒，遍地狼藉。⑫研窮物外閑中趣　窮究世俗事物之外的玄理，閒中自娛。⑬得脫輪迴泉下塵　得以超脫輪迴，死後不淪為灰塵。泉下，黃泉之下，指人死後埋入墳墓，亦指陰間世界。⑭甲申　西元一二二四年。⑮縉山　縣名，唐朝末年置。明改延慶州，即今北京西北郊之延慶縣。⑯大翮山　在延慶縣西北。傳說王次仲作隸書，秦始皇三次徵召不應，始皇命檻車押送，次仲化大鳥飛去，落二翮於此山，而有大翮小翮之名。翮，鳥羽之莖管。⑰松蘿煙月　松蘿低垂，煙月朦朧。松蘿，寄生於松樹之地衣類植物，絲狀，蔓下垂。⑱翠岑　翠綠挺拔的小山峰。⑲洞天心　洞天深處。⑳嵯峨　山勢高峻參差不齊的樣子。㉑金紫石抹公　指金紫光祿大夫石抹咸得卜，襲父石抹明安之職，為燕京行省最高官。㉒宣差便宜劉公　指劉敏。癸未（一二二三年）年被授與安撫使便宜行事，兼燕京路徵收稅課漕運鹽場僧道司天等事。《元史》有傳。㉓大天長觀　即今北京西便門外之白雲觀，著名道教建築之一。始建於唐玄宗開元二十七年（七三九年），名天長觀，金代重建，金章宗泰和三年（一二〇三年）改名太極宮。元太祖成吉思汗以丘處機主掌全國道教事，擴建更名長春宮，丘死即葬於此。明太祖洪武二十七年（一三九四年）改為白雲觀。㉔以驛召　用驛站傳遞信函召請。㉕南口　在北京西北郊，當燕山山脈和華北平原交界處。明初築有南口城，與居庸關、八達嶺同為重要關口。現為京包鐵路上一站。㉖果如其言　丘等一二二一年二月八日離開宣德，一二二四年二月初回燕京，恰好三年。

【語　譯】八月初，東行過楊河，經白登、天城、懷安，渡過潰河。經過十二天，到達宣德，宣德元帥擺列儀仗出城西遠迎。丘師入城後住在朝元觀，道友們都來敬奉。丘師接著寫了一首詩，原詩共四十字，詩云：

萬里遠遊生地，三載辭別故鄉。
回首身已老邁，過眼夢境何長。

浩浩天空廣闊，紛紛世事杳茫。
江南轉至塞北，從古至今尋常。

道友們還說：「去年冬天，有人看見趙虛靜先生牽馬從門口進來，眾人為之出迎，又忽然不見了。又德興、安定也有人見到。」黃河以北州府的王官將帥、官吏平民，爭相以書信來邀請，就像車輪輻木聚向車轂一樣，丘師應接不暇，止能簡要回答數字而已。如有的回信寫道：「王室尚未安寧，道門先已通暢。開度有緣之人，擴展無量功德。各方首領，誠心歸向。恨無分身之術，分別報答眾人期望。」十月初一，作醮祭於龍門川。十五日，又設醮於宣德州之朝元觀。十一月初一，宋德方等人因以前經過野狐嶺時見白骨曾發願心超度，就同太君尹千億等在德興之龍陽觀設醮，救濟超度孤魂。此前數日天氣稍冷，等到設醮的兩夜三日，卻溫暖如春。醮事完畢，元帥賈昌從皇帝行宮到來，傳旨說：「丘神仙由春到夏，旅途艱難。沿途所供飲食、驛騎可好嗎？到宣德等地，官員們用心安排好食宿嗎？招撫在下人戶回來了嗎？朕常思念神仙，神仙也不要忘記朕。」十二月十六日，在蔚州三館舉行醮祭。丘師在龍陽觀過冬，清晨或傍晚常往龍崗上閒步，下觀德興一帶，因戰亂造成村落蕭條，丘師作詩以抒其意，詩云：

昔日樹高上與天合，今日村中房垣倒閉。
無限蒼生白刃臨頭，多少華宅變作青灰。

又云：

豪傑痛吟哀詩千萬，古今如此能有幾人。
窮究玄理閒中自娛，得脫輪迴免成煙塵。

甲申年二月初一，在縉山之秋陽觀舉行醮祭。秋陽觀位於大翮山的南坡，山明水秀，松蘿低垂，煙月朦朧，道家修行之勝地也。丘師以詩題其概貌，詩云：

秋陽觀後碧岩深深，萬頃煙霞直插翠岑。
一徑桃花春水流急，彎環流出洞天深處。

又云：

一帶群山翠綠嵯峨，上有群仙日夜飄過。
洞府深沉俗人不到，時聞岩壁洞仙詠歌。

燕京行省最高長官金紫光祿大夫石抹咸得卜、宣差便宜劉敏以下諸官，派遣使者持書信懇請丘師入住大天長觀，丘師同意了。接著又通過驛站發出邀請，丘師便過居庸關南來。燕京眾道友來到南口神游觀迎接。第二天清晨，四方遠來的父老士女等人，用香花引導丘師入燕京，瞻仰禮拜之人把道路都塞滿了。起初丘師西行時，眾人請問歸期，丘師回答：「三載歸，三載歸。」至此果然如他所說。二月七日丘師入主天長觀，每天來觀中布施齋供者有上千人。十五日，會眾邀請丘師去玉虛觀。這個月的二十五日，宣差喝刺從皇帝行宮到來，傳旨說：「丘神仙到達漢人地域，用清淨大道感化世人，每天為朕誦經祝壽，很好。告訴丘神仙在好地方喜歡的住處居住。告訴阿里鮮，神仙年事已高，要妥善保護侍奉。神仙不要忘記朕以前說過的話。」

七 在燕京與病逝

【題解】這一章主要有兩項內容。其一為甲申年五月入主天長觀至丁亥年七月九日病逝，約三年多，除去盤山設醮一次，未離燕京。主要活動是會見道眾、名人，講道賦詩，舉行醮事等。特別是乙酉年九月為禳燕境災之醮事，和丙戌年五月、丁亥年五月兩次為京師祈雨之醮事，規模大，影響廣。其二為病逝情況，悼念活動，道內掌門人安排，修建白雲觀和週年葬禮等內容。

仲夏，行省金紫石抹公、便宜劉公再三持疏請師住持❶大天長觀。是月二十有二日，赴其請。空中有數鶴前導，倏❷西北而去。自師寓玉虛，或就人家齋，常有三五鶴飛鳴其上。北方從來奉道者鮮，至是聖賢欲使人歸向，以此顯化耳。八會之眾，皆稽首拜跪，作道家禮，時俗一變。玉虛井水舊鹹苦，甲申、乙酉年，西來道眾甚多，水味變甘，亦善緣所致也。季夏望日，宣差相公劄八❸傳旨：「自神仙去，朕未嘗一日忘神仙，神仙無忘朕。朕所有之地，愛願處即住。門人恆為朕誦經祝壽則嘉。」自師之復來，諸方道侶❹雲集，邪說日寢❺。京人翕然歸慕❻，若戶曉家諭。教門四闢❼，百倍往昔。乃建八會❽於天長，曰平等，曰長春，曰靈寶，曰長生，曰明真，曰平安，曰消災，曰萬蓮。師既歸天長，遠方道人繼來，求法名❾者日益眾。嘗以四頌❿示之，其一云：

世情無斷滅⓫，法界有消磨⓬。
好惡縈心曲⓭，漂淪奈爾何⓮。

其二云：

有物先天貴，無名不自生。
人心常隱伏，法界任縱橫⓯。

其三云：

徇物雙眸眩，勞生四大窮。
世間渾是假，心上不知空⓰。

其四云：

昨日念無蹤，今朝事亦同。
不如齊放下，度日且空空[17]。

每齋畢，出遊故苑瓊華[18]之上，從者六七人，宴坐松陰，或自賦詩，相次屬和，間因茶罷，令從者歌遊仙曲[19]數闋，夕陽在山，澹然[20]忘歸。由是行省及宣差劄八相公北宮園池[21]并其近地數十頃為獻，且請為道院，師辭不受，請至於再，始受之。既而又為頒文牓，以禁樵採者。遂安置道侶，日益脩葺，後具表以聞，上可其奏。自尔佳時勝日[22]，師未嘗不往來乎其間。寒食日，作〈春遊詩〉二首，其一云：

十頃方池間御園，森森松柏罩清煙。
亭臺萬事都歸夢，花柳三春卻屬仙。
島外更無清絕地，人間唯有廣寒[23]天。
深知造物安排定，乞與官民種福田[24]。

其二云：

清明時節杏花開，萬戶千門日往來。
島外茫茫春水闊，松間獵獵暖風迴。
遊人共嘆斜陽逼，達士猶嗟短景催。
安得大丹㉕冥換骨，化身飛上鬱羅臺。

【注釋】❶住持　僧寺、道觀之主，意為久住護持。起於佛教，據《百丈清規・住持章》：「百丈以禪宗寖盛……非崇其位，則師法不嚴，始奉其師為住持。」寺院中住持職位，當自唐代高僧百丈懷海始。後道教亦採用此制。❷傃　向。❸箚八　《元史》作札八兒，西域賽夷人，歸太祖，英勇善騎射，曾引導太祖偷襲防禦堅固的居庸關，大破金兵，立下大功。太祖北歸，留箚八與諸將守中都（燕京），授黃河以北、鐵門以南天下都達魯花赤。❹道侶　同道伴侶、道友。❺邪說日寢　與道相背之說日漸停止。❻翕然歸慕　聚合一致歸心仰慕。❼教門四闢　道教全真派宮觀四面八方紛紛建起。❽八會　元朝初年，道教全真派在今北京地域設立的吸收群眾入道的八處道教組織。❾法名　通稱法號，佛教徒受戒時由本師授予之名號。道教亦沿用之。因丘的名望高，四方道人來求法名，拜其為師。❿頌　又作贊。道教經韻格式之一，有讚頌、讚美之意。道教音樂中的贊，大多是韻腔中的陽韻（陽調），有〈大贊〉、〈小贊〉、〈鴻雁贊〉、〈送化贊〉、〈圓滿贊〉等等，為對諸神、諸仙功德的讚美稱頌。贊類韻腔、旋律優美，結構嚴謹，一般篇幅不大，常為多段唱詞使用同一曲調，反覆誦唱。⓫斷滅　絕對消滅。⓬法界有消磨　在道法世界可以消磨情欲。⓭好惡縈心曲　任好惡在內心深處糾纏縈繞，而不加分辨取捨，順其自然。心曲，內心深處。亦指心中委曲之事或難以吐露的情懷。此指前義。⓮漂淪奈爾何　漂泊沉淪又能把你怎樣。⓯有物先天貴四句　為抒發對道的領悟。道先於天地，無生無滅。心中有道，則可在法界縱橫自在。⑯徇物雙眸眩四句　講悟道的三階段，如禪宗高僧青原惟信所說甚相近。青原說：「老僧三十年前，未參禪時，見山是山，見水是水。及其後來，親見知識，有個入處，見山不是山，見水不是水。而今得個休息處，依前見山只是山，見水只是水。」（《指月錄》卷三八）未參禪時，以世俗眼光看山水，執著境相，則「徇物雙眸眩，勞生四大窮」。參禪後，知山水為緣起之物，隨心生滅，為空相，故「世間渾是假」。禪悟後，破我法二執，不落頑空，故「心上不知空」。⑰昨日念無蹤四句　言修道者要達到無念境界，就是任心中念起念滅，念念相續而不執著，能如此，就可放下一切，而得解脫。⑱瓊華　故苑池中之小島，即今北京北海公園之瓊華島。⑲游仙曲　通稱法曲，為道教宮觀中所奏之曲。其樂器有鐃、鈸、鐘、磬、幢簫、琵琶等，其聲輕而近雅。隋亦有之，唐代盛行，主要曲目有〈破陣樂〉、〈長生樂〉、〈霓裳羽衣〉、〈獻仙樂〉等。⑳澹然　淡默安閒之神態。㉑北宮園池　原為金代皇帝的園林，在今北京北海公園一帶。㉒勝日　好日子。指節日或親朋好友聚會的日子。㉓廣寒　金時瓊華島上建有廣寒殿，以比月亮上的廣寒宮。㉔福田　佛教認為積善行可得福報，如種田得收穫。道教亦沿用此義。㉕大丹　內丹之異名。道教內煉派認為修煉內丹，可以脫胎換骨，飛升成仙。

【語　譯】夏五月，行省最高長官石抹公、便宜使劉公多次持公函請丘師住持大天長觀。這個月二十二日，丘師赴其請，去往天長觀。前往路上，空中有數隻仙鶴為前導，向西北方向飛去。自從丘寓居玉虛觀，或去施主家用齋，常有三五隻仙鶴在其頭上飛翔鳴叫。北方地域從來信奉道教的人很少，這是聖賢想使人歸心道教，用此來顯示神異感化他們吧。八會之道眾都來向丘師稽首跪拜行道家禮，當時的習俗也為之改變。玉虛觀的井水往日又鹹又苦，甲申、乙酉二年，由西方來的道眾很多，井水滋味也變得甘甜，這也是丘師廣結善緣所致也。夏末六月十五日，宣差相公劄八來傳達皇帝旨意：「自從神仙離去，朕未有一天相忘，神仙也不要忘記朕。朕所有之土地，神仙喜歡之處即可住下。門人長期為我誦經祝壽，這很好。」自從丘師復到此地，各方道友雲集，背離道教之說日漸止息。京中之人聚合一致歸心丘師之道，丘師之名亦家喻戶曉。道教全真派建宮觀、立會於四方，與往昔相比擴大百倍。在天長觀設立八會，名曰平等會、長春會、靈寶會、長生會、明真會、平安會、消災會、萬蓮會。丘師入主天長觀後，遠方道人相繼而來，求授法號者一天比一天多。丘師曾把四首頌詞拿給他們看，其一云：

世情不能絕滅，法界可使消磨。
好惡纏繞內心，漂泊沉淪奈何。

其二云：

有物先天尊貴，無名亦不自生。
內心常存不去，法界任我縱橫。

其三云：

循物雙眼眩暈，勞生四大困窮。
世間全然虛假，心內不落虛空。

其四云：

昨日念已無蹤，今朝諸事亦同。
不如一齊放下，度日且使空空。

每日用齋完畢，丘師便去金代皇家故園瓊華島上遊賞，有六七人跟隨，坐臥在松樹蔭下，或自己賦詩，相次應對，有時喝完茶，令隨從弟子歌游仙曲數首，直到夕陽近山，還淡默悠閒，忘記返回。為此行省長官與宣差箚八相公把北宮園池並附近土地數十頃獻給丘師，還請他在園中建道院，丘師辭謝不肯接受，再三請求，才接受了。接著官府又為其頒布文告，禁止村民到園中打柴採果。接著丘師便安排道眾，日益修繕，後又列表上奏，皇上也同意這樣作。自此以後，每逢良辰吉日，丘師未嘗不來此地遊賞。清明節這一天，丘師作〈春遊詩〉二首，其一云：

十頃方池間有御園，森森松柏上籠清煙。
亭臺萬事皆歸一夢，花柳三春卻屬神仙。
島外更無清靜福地，人間唯此廣寒洞天。
深知造物安排已定，求與官民廣種福田。

其二云：

清明時節杏花綻開，萬戶千家逐日往來。
島外茫茫春水遼闊，松間獵獵暖風迴旋。
遊人共嘆斜陽逼近，達士猶嗟短景相催。
安得內丹脫胎換骨，化身飛升至鬱羅臺。

乙酉四月，宣撫王公巨川❶請師致齋於其第。公關右❷人也，因話咸陽終南竹木之勝，請師看庭竹。師曰：「此竹殊秀，兵火而後蓋不可多得也。我昔居於磻溪，茂林修竹，真天下之奇觀也。思之如夢，今老矣，歸期❸將至。當分我數十竿，植寶玄之北軒，聊以遮眼❹。」宣撫曰：「天下兵革未息，民甚倒懸❺，主上方尊師重道，賴師真道力，保護生靈，何遽出此言邪？願垂大慈，以救世為念。」師以杖叩地，笑而言曰：「天命已定，由人乎哉？」眾莫測其意。夏五月終，師登壽樂山❻巔，四顧園林，若張翠幄，行者休息其下，不知暑氣之甚也。因賦五言律詩云：

地土臨邊塞，城池壓古今❼。
雖多壞宮闕，尚有好園林。
綠樹攢攢密❽，清風陣陣深。
日遊仙島上，高視八紘吟。

一日，師自瓊島迴，陳公秀玉❾來見，師出示七言律詩云：

蒼山突兀倚天孤，翠柏陰森遶殿扶。

萬頃煙霞常自有，一川風月等閑⑩無。
喬松挺拔來深澗，異石嵌空出太湖。
盡是長生閑活計⑪，脩真薦福邁京都。

九月初吉⑫，宣撫王公以熒惑犯尾宿⑬，主燕境災，將請師作醮，問所費幾何。師曰：「一物失所⑭，猶懷不忍，況闔境乎？比年已來，民苦徵役，公私交罄⑮，我當以觀中常住物⑯給之，但令京官齋戒，以待行禮足矣，餘無所用也。」於是約作醮兩晝夜，師不憚其老，親禱於玄壇⑰。醮竟之夕，宣撫喜而賀之曰：「熒惑已退數舍⑱，我輩無復憂矣。師之德感，一何⑲速哉？」師曰：「余有何德，所禱之事，自古有之，但恐不誠耳。古人曰：『至誠動天地。』此之謂也。」

重九日，遠方道眾咸集，或以菊為獻，師作詞一闋，寓聲〈恨歡遲〉⑳云：

一種靈苗體性殊，待秋風冷透根株。散花開，百億黃金嫩㉑，照天地清虛。

九日持來滿座隅，坐中觀，眼界如如㉒。類長生，久視無凋謝，稱作伴閑居㉓。

繼而有奉道者，持繭紙大軸㉔來求親筆。以〈鳳棲梧〉詞書之云：

得好休來休便是。贏取逍遙，免把身心使。多少聰明英烈士，忙忙虛負平生志。

造物推移無定止，昨日歌歡，今日愁煩至。今日不知明日事，區區著甚勞神思㉕。

一日，或有質是非於其前者，師但漠然不應，以道義釋之，復示之以頌曰：「拂拂拂，拂盡心頭無一物。無物心頭是好人，好人便是神仙佛。」其人聞之，自愧而退。丙戌㉖正月，盤山㉗請師黃籙醮㉘三晝夜。是日天氣晴霽，人心悅懌㉙，寒谷生春。將事之夕，以詩示眾云：

詰曲㉚亂山深，山高快客心。

群峰爭挺拔，巨壑太蕭森。

似有飛仙過，殊無宿鳥吟。

黃冠三日醮，素服萬家臨。

【注 釋】❶宣撫王公巨川 名楫，字巨川，任宣撫使職，為丘之舊交。詳見本書頁一三注㉓。❷關右 函谷關以西地域，同關西。王楫為陝西鳳翔人，與關右合。❸歸期 古稱死為大歸。歸期即死期的含蓄說法。❹聊以遮眼 姑且用它來遮遮眼，應付一下。❺民甚倒懸 民之困苦，甚於倒懸。❻壽樂山 在今北京北海公園瓊華島上最高處。❼城池壓古今 城池之堅固勝過古今。城指城牆，池指護城河。❽攢攢密 密攢攢。形容綠樹密集地簇擁一片。❾陳公秀玉 名時可。燕人，金翰林學士。仕元，為燕京課稅所官。丘師西行前，寓居燕京玉虛觀，有數位道友經常與之賦詩唱和，陳即其中之一。法號寂通居士，撰有〈長春真人本行碑〉、〈燕京白雲觀處順堂會葬記〉等，收入《道藏》之《甘水淵源錄》。❿等閑無 是說此中風月，尋常地方是沒有的，見不到的。等閑，尋常。⓫活計 生計；謀生手段。此喻求長生成仙的方法手段，如下句「脩真薦福」之類皆是也。⓬初吉 農曆每月初一至初七八，即由月朔至上弦，稱為初吉。又《詩經．小雅．小明》「二月初吉」鄭玄箋以初吉即朔日初一也。⓭熒惑犯尾宿 熒惑侵入尾宿之域。熒惑，火星別名，因其隱現不定，令人迷惑而得名。二十八宿中東方七宿之第六星，有星九顆，均屬天蝎座。古星相學認為，出現熒惑犯尾宿之天象，主被犯地域有大災。尾宿對應之野為燕地，故言燕境有災。唐《開元占經》卷三一有「熒惑入尾犯乘之，天下有戰兵」等說法，即此類也。⓮失所 失去所在，丟失之意。⓯公私交罄 官府和私家財物都因戰亂而消耗罄盡，什麼東西也拿不出來。⓰常住物 道觀中常備之物可用於醮事者。⓱玄壇 舉辦醮事之法壇。⓲退數舍 是說熒惑從尾宿退出數個星宿距離，不吉之天象已解除。舍，二十八星宿，一宿為一舍。⓳一何 何其；多麼。⓴恨歡遲 詞牌名，它書未見。㉑黃金嫩 淡淡的金黃色，或比黃金淺淡的顏色。嫩，淺淡。李白詩〈五宮中行樂詞〉之二：「柳色黃金嫩，梨花白雪香。」用法與此同。㉒如如 如其本相。即圓融常住之本來面目。㉓伴閑居 菊花之別名。㉔繭紙大軸　用繭絲紙製作的上下有軸的畫紙。繭紙，以繭絲為主要原料製作的堅固耐久的高檔畫紙。㉕區區著甚勞神思　區區瑣事，執著什麼，何必為此勞神費思。㉖丙戌　一二二六年。㉗盤山　在今薊縣北，靠近長城，為著名風景區。㉘黃籙醮　醮儀名稱。黃籙指書寫仙名於簿記。此種醮祭，為建壇普祭天神、地祇、人鬼，以懺悔祈福的醮祭。費用由官府支給。㉙悅懌　高興愉快。㉚詰曲　屈曲；轉彎歧路繁雜眾多。

【語譯】乙酉年四月，宣撫使王巨川在家中設齋邀請丘師前往。王為關西人，因與丘師談論咸陽終南山竹林之繁茂，請丘師去其庭院中看竹。丘師說：「此竹甚為秀美，戰火之後，大約不可多得啊。我從前居住在磻溪，那裡之茂林修竹，真乃天下之奇觀啊。想起來如在夢中，如今我已老邁，歸天之期即將到來。你可分給我數十根竹，栽植在觀中寶玄齋北廊外面，姑且用來遮遮眼吧。」宣撫說：「天下戰亂未息，民之疾苦甚於倒懸，皇上正尊師重道，依賴師父的真實道力，來保護生靈，師父怎麼突然說出這樣的話來呀？願垂降大慈悲心，以救世為念。」丘師用手杖叩地，微笑而言道：「天命已定，能由人改變嗎？」眾人不能測知其意。夏五月末，丘師登壽樂山之巔，望四周之園林，如同架起深綠色帳幕，行人在下面休息，不知暑氣酷熱之甚也。因此而賦五言律詩一首云：

地土臨近邊塞，城堅勝過古今。
宮闕雖多損壞，尚存絕好園林。
綠樹簇擁密集，清風陣陣透深。
日遊仙島之上，高視八極誦吟。

一天，丘師從瓊島回來，陳公秀玉來見，丘師出示所寫七言律詩給他看，詩云：

蒼山突兀孤立倚天，翠柏陰森繞殿相扶。
萬頃煙霞恆常自有，一川風月等閒處無。
挺拔喬松來自深澗，嵌空奇石出於太湖。
長生盡是閒散活計，修真進福邁入京都。

九月初一，宣撫使王公因為出現熒惑星侵入尾宿的天象，主燕境有災，將請丘師設醮祈禱，問所需費用多少。丘師說：「一物丟失，還覺可惜，況全境遭災呢？連年以來，民眾為賦役所苦，官府與私家財物都已因戰亂消耗殆盡，我要用觀中常備之物給予解決，只須命令京中官員齋戒數日等候行禮就夠了，其餘什麼都不用了。」於是約定作醮事兩天兩夜，丘師不懼老邁，親上法壇祈禱。醮祭完畢的那天晚上，宣撫使王公高興地祝賀說：「熒惑星已退後數舍，我們這些人都不用擔憂了。師父之德感格上天，何以這麼快速呀！」丘師說：「我有何德，祈禱之事，自古有之，只恐沒有誠心而已，古人說『至誠動天地』，就是這個意思。」

九月九日，遠方道眾都集聚於天長觀，有人還獻上菊花，丘師作了一首詞，按〈恨歡遲〉詞牌填寫而成，詞云：

一種靈苗體性殊，待秋風，冷透根株，散花開，百億黃金嫩，照天地清虛。　九日持來滿座隅，坐中觀，眼界如如。類長生，久視無凋謝，稱作伴閒居。

接著有信奉道教者，拿來一捲用繭紙製作的大軸，求師親筆題寫，丘師用〈鳳棲梧〉詞牌書之云：

得好休來休便是。贏取逍遙，免把身心使。多少聰明英烈士，忙忙虛負平生志。　造物推移無定止，昨日歡歌，今日愁煩至。今日不知明日事，區區著甚勞神思。

一天，有人在丘師面前質正是非，丘師先是默然不應，接著用大道理進行解釋，不作直接回答，又把一首頌詞給他看，頌詞說：「拂拂拂，拂盡心頭無一物。無物心頭是好人，好人便是神仙佛。」這個人看後，自感慚愧而離去。丙戌年正月，盤山棲雲觀有人來請丘師作三天三夜黃籙醮。醮祭之日，天氣晴朗，人心歡悅，寒谷生春。醮祭的晚上，丘師以詩示眾云：

迴旋曲折山深，山高快慰客心。
群峰競相挺拔，巨壑太過蕭森。
似有飛仙經過，殊無宿鳥唱吟。
黃冠三日醮祭，素服萬家降臨。

五月，京師大旱，農不下種，人以為憂。有司移市，立壇懇禱，前後數旬無應。行省差官賫疏❶，請師為祈雨醮三日兩夜。當設醮請聖之夕，雲氣四合，斯須❷雨降，自夜半及食時未止。行省委官奉香火來謝曰：「京師久旱，四野欲然，五穀未種，民不聊生。賴我師道力，感通上真❸，以降甘澍❹，百姓僉❺曰神仙雨也。」師荅曰：「相公至誠所感，上聖垂慈，以活生靈，吾何與焉❻？」使者出，復遣使來告曰：「雨則既降，奈久旱未霑足何，更得滂沱大作，此旱可解，願我師慈悲。」師曰：「無慮，人以至誠感上真，上真必以誠報人，大雨必至。」齋未竟，雨勢海立❼，是歲有秋❽，名公碩儒❾皆以詩來賀。一日有吳大卿德明者，以四絕句來上，師復次韻答之❿。其一云：

燕國蟾公⓫即此州，超凡入聖洞賓儔⓬。
一時鶴駕歸蓬島，萬劫仙鄉出土丘⓭。

其二云：

我本深山獨自居，誰能⓮天下眾人譽。
軒轅道士⓯來相訪，不解言談世俗書。

其三云：

莫把閑人作等閑，閑人無欲近仙班。
不於此日開心地，更待何時到寶山。

其四云：

混沌開基得自然，靈明翻小大椿年⑯。

出生入死常無我，跨古騰今自在仙。

又題支仲元⑰畫得一、元保、玄素《三仙圖》⑱云：

得道真仙世莫窮，三師何代顯靈蹤。

直教御府⑲相傳授，閱向人間類赤松⑳。

又奉道者求頌，以七言絕句示之云：

朝昏忽忽急相催，暗換浮生㉑兩鬢絲。

造物戲人俱是夢，是非嚮日又何為。

【注釋】❶賚疏　賜予公文。賚，賜也；予也。言賜予善人也。❷斯須　片刻。❸上真　道教稱修行得道成仙者為真人，上真即上仙。道教把天仙分為九個等級，第一等級為上仙。《雲笈七籤》三〈道教本始部〉：「太清境有九仙，……其九仙者，第一上仙。」❹甘澍　甘甜的及時雨。澍，時雨。❺僉　皆；都。❻吾何與焉　我與此事有什麼相干呢？此乃自謙之詞。❼海立　形容雨量甚大，水流遍地，如海浪湧動。❽有秋　秋天有收成，豐收之意。❾名公碩儒　知名人士儒學大家。❿次韻答之　依原詩用韻次序作詩應答。⓫燕國蟾公　指五代道士劉操，字昭遠，燕山（今北京西南宛平）人。在遼應舉，考中進士，官至丞相。平時好談性命之理，崇尚黃老道術。相傳一日遇道人拜謁，自稱正陽子，向劉索要銅錢和雞蛋各十枚，在桌上間隔疊起，劉不禁驚呼：「危險！」道人微笑說：「相公地位比這更危險。」於是他豁然醒悟，散家財，辭官職，離別妻子，出家雲遊，專心修行，號海蟾子。他常往來於華山和終南山之間，後得道仙去。道教全真道尊為北五祖之一，元世祖封為明悟弘道真君。參見清褚人穫《堅瓠集》卷一。⑫洞賓儔　與呂洞賓相匹敵，相伴為友。呂洞賓，名喦，號純陽子，唐末道士。相傳為唐京兆（即今陝西西安東至華縣間）人，咸通三年及進士第，兩調縣令，後修道於終南山。其理論以慈悲度世為成道途徑，改丹鉛與黃白之術為內功；改劍術為斷除貪嗔、愛欲和煩惱的智術，對北宋道教理論發展有一定影響。全真道奉為北五祖之一，通稱呂祖，民間傳說八仙之一。⑬萬劫仙鄉出土丘　經受萬次劫難的神仙故鄉，出現遍地墳丘。⑭能　《道藏輯要》作「知」。⑮軒轅道士　唐代道士軒轅彌明，不知何地人，在衡湘間往來九十餘年。曾隱居南嶽靈麓峰，善捕逐鬼物，囚拘蛟螭、虎豹，人莫知其壽。貌極醜，白鬢黑面，長頸高結喉，又作楚語，而有高行。進士劉師服嘗於湘南遇之。唐憲宗元和七年（八一二年），由衡山過太白山，復抵其居，稱「不解世俗書」，而能詩文。韓愈稱其為隱君子，為撰〈石鼎聯句序〉。丘詩引此典自喻不明世俗治術。⑯大椿年　大椿之壽命。比喻壽命極長。大椿為虛擬樹名，語出《莊子・逍遙遊》：「上古有大椿者，以八千歲為春，八千歲為秋。」其一歲相當人世間三萬二千年，即以一般樹齡計之，總數之巨亦很驚人。⑰支仲元　五代前蜀畫家，鳳翔（今屬陝西）人。工畫人物，多取道教神仙或故事為題材。師法顧（愷之）陸（探微），清勁緊細，人物軒昂。喜弈棋，嘗作《松下弈棋圖》，頗有思致。《宣和畫譜》收錄其作品二十一件，《三仙圖卷》為明代嚴嵩舊藏。⑱三仙圖　圖中三仙雖列其名，但事跡無考。⑲御府　宮廷。⑳赤松　赤松子，古代仙人。劉向《列仙傳》：「赤松子者，神農時雨師也。服水玉以教神農，能入火自燒。往往至崑崙山上，常止西王母石室中。隨風雨上下，炎帝少女追之，亦得仙俱去。至高辛時，復為雨師，今之雨師本是焉。」或說其為帝嚳師，仙遊金華山，上有赤松祠、赤松澗。漢相國張良功成身退時說：「願棄人間事，欲從赤松子遊耳。」㉑浮生　老莊把人生視為虛浮不定，語出《莊子・刻意》：「其生若浮，其死若休。」後世相沿稱人生為浮生，或稱浮世。

【語　譯】五月，京師地區發生大旱，農民無法下種，人皆為此擔憂。官吏們命令把城裡的交易市場遷走，在那裡搭建法壇懇切祈禱降雨，前後數十天，不見一點反應。行省最高長官派官員持公文，邀請丘師舉行三天兩夜的祈雨醮。到丘師設壇請聖像的晚上，雲氣四方聚合而來，片刻之間就下起雨來，雨從夜半直下到吃早飯時還未停止。行省最高長官委派官員捧著香火前來致謝說：「京師地區長久乾旱，四方田野都要燃燒了，五穀未播種，民不能賴以謀生。依靠師父道力，能感通上仙，給降下及時雨，百姓都說這是神仙雨啊！」丘師回答說：「這是翁八相公至誠之心感動上天，也是上天垂愛，要救活眾生靈，我又能作什麼呢？」使者離去後，上面又派使者前來告知說：「雨已降下，怎奈旱得太久，這場雨還不足以解除旱情，再得滂沱大雨降下，旱災可解，願師父再發慈悲之心。」丘師說：「不必多慮，人以至誠感動上界天神，天神必定以至誠回報於人，大雨一定會降下來。」齋醮尚未結束，大雨就像海濤般傾潑而降，這年秋天有了好收成，京城知名人士、儒學大師們都寫詩來祝賀。一天，有位吳大卿字德明的人，用他寫的四首絕句獻給丘師，丘師依原詩用韻次序和詩應答。其一云：

燕國劉海蟾居此州，超凡入聖洞賓為儔。
一時鶴駕回歸蓬島，仙鄉萬劫遍地墳丘。

其二云：

我本深山獨自隱居，誰知天下眾口讚譽。

軒轅道士前來造訪，不解言談與世俗書。

其三云：

莫把閒人視為等閒，閒人無欲已近神仙。
不於此日開悟心地，更待何時去往仙山。

其四云：

混沌開基得此自然，靈明反小大椿之年。
出生入死何嘗有我，跨古騰今自在神仙。

又題支仲元畫得一、元保、玄素《三仙圖》云：

得道真仙世間無窮，三師何代顯現靈蹤。
直教宮廷展轉傳授，傳閱人間類似赤松。

又有信奉道教者來求頌詞，丘師作一首七言絕句給他看，其詩云：

晨昏匆匆歲月緊催，暗換人生兩鬢之絲。
造物戲人全如夢境，往日是非今又如何。

師自受行省已下眾官疏以來，憫天長之聖位殿閣❶，常住堂宇，皆上頹下圮❷，至於窗戶階砌，毀撤殆盡。乃命其徒，日益修葺，罅漏❸

者補之，傾斜者正之，斷手於丙戌，皆一新之。又創修寮舍❹四十餘間，不假外緣，皆常住自給也。凡遇夏月，令諸齋舍不張燈，至季秋，稍親之，所以預火備也。十月下寶玄，居方壺，每夕召眾師德以次坐，高談清論，或通宵不寐。仲冬十有三日，夜半振衣❺而起，步於中庭，既還坐，以五言律詩示眾云：

萬象❻彌天闊，三更坐地勞。
參❼橫西嶺下，斗轉北辰高❽。
大勢無由遏，長空不可韜❾。
循環誰主宰，億劫自堅牢。

丁亥❿，自春及夏，又旱，有司祈禱屢矣，少不獲應⓫。京師奉道會眾，一日請師為祈雨醮，既而消災⓬等會亦請作醮，師徐謂曰：「我方留意醮事，公等亦建此議，所謂好事不約而同也。公等兩家，但當慇懃。」遂約以五月一日為祈雨醮，初三日為賀雨醮。三日中有雨，是名瑞應雨。過三日雖得，非醮家雨也。或曰：「天意未易度，師對眾出是語，萬一失期，能無招小人之訾⑬邪？」師曰：「非爾所知也。」及醮竟日，雨乃作。翌日，盈尺。越三日，四天廓清⑭，以終謝雨醮事，果如其言。時暑氣煩燠⑮，元帥張資胤者，請師遊西山，再四過勤，師赴之。翌日齋罷，雨後遊東山庵，師與客坐於林間，日夕將還，以絕句示眾云：

　　西山爽氣清，過雨白雲輕。
　　有客林間坐，無心道自成。

既還元帥第，樓居數日，來聽道話者，竟夕不寐。又應大谷庵⑯請，次日清夢庵請。其夕，大雨自北來，雷電怒合，東西震耀。師曰：「此道之用也。得道之人，威光烜赫⑰，無乎不在，雷電莫能匹也。」夜深客散，師偃息草堂。須臾風雨駭至，怒霆⑱一震，窗戶幾裂，少焉收聲，人皆異之。或曰：「霹靂當游至⑲，何一舉而息邪？」有應者曰：「無乃⑳至人㉑在茲，雷師為之霽威㉒乎？」既還，五月二十有五日，道人王志明至自秦州㉓，傳旨改北宮仙島為萬安宮，天長觀為長春宮，語天下出家善人皆隸焉㉔。且賜以金虎牌㉕，道家事一仰神仙處置。小暑後，大雨屢至，暑氣愈熾。以七言詩示眾云：

溽暑㉖熏天萬里遙，洪波拍海大川潮。
嘉禾已見三秋熟，旱魃㉗仍聞五月消。
百姓共忻㉘生有望，三軍不待令方調。
寔由道化行無外，暗賜豐年助聖朝。

【注釋】❶聖位殿閣　供奉道教神位的殿閣。❷上頹下圮　屋頂頹塌，下牆毀壞。圮，毀壞；坍塌。❸罅漏　裂縫漏雨處。罅，縫隙。❹寮舍　供道徒居住的宿舍。房間偏小，多人共居。❺振衣　抖衣去塵。❻萬象　泛指自然界的一切事物景象。❼參　星宿名，指二十八宿中西方白虎七宿的最末一宿，有星七顆。❽斗轉北辰高　北斗旋轉，北極星高掛。斗，北斗七星，在北天排列成勺狀的七顆亮星，以北極星為中心旋轉。北辰，北極星。❾韜　隱藏。❿丁亥　一二二七年。⓫少不獲應　祈禱儀式小，沒能得到上天的回應。少，作小或略解。⓬消災　消災會，為全真教所建八會之一。⓭訾　毀謗；非議。⓮四天廓清　四方天空蕩滌乾淨，一片澄清。⓯煩

燠　煩悶燥熱，令人難耐。⑯大谷庵　道觀名，位於北京西山一帶。佛教稱寺廟較小者為庵，多為尼姑居住。⑰烜赫　聲威浩大。⑱霆　劈雷。⑲霹靂當游至　疾雷應當流動而至。霹靂，疾雷聲。⑳無乃　難道是。表委婉反問語氣。㉑至人　道德修養境界極高、超越生死、與大道同一的人。《莊子・田子方》：「得至美而游乎至樂，謂之至人。」又〈天下〉：「不離於真，謂之至人。」〈齊物論〉：「至人神矣，大澤焚而不能熱，河漢沍而不能寒，疾雷破山飄風振海而不驚。若然者，乘雲氣，騎日月而游乎四海之外，死生無害於己。」至人與道合一，與變化同體，超越生死，獲得絕對精神自由，是道家追求的最高理想人格。㉒霽威　收斂威嚴。㉓秦州　三國時魏置，約在今甘肅天水西南。丁亥年春，成吉思汗自西夏入金境，當時在該州清水縣養病，道人王志明於此得見，並代為傳旨。㉔語天下出家善人皆隸焉　詔告天下出家善人都隸屬於丘統管。類似之語在癸未年（一二二三年）聖旨中已見，本意在於命其統管道教事務。㉕金虎牌　即虎頭金牌，由皇帝頒發，持牌者得「便宜行事」，有多種特權。詳見本書頁六注❷。㉖溽暑　潮濕悶熱的暑氣。㉗旱魃　古時把能招致旱災的魔神稱旱魃。《神異經》云：「南方有人，長二三尺，袒身，而目在頂上，走行如風，名曰魃，所見之國大旱，赤地千里，一名旱母。」㉘忻　通「欣」。喜悅。

【語　譯】丘師自從接受行省眾官疏文之請，入住天長觀以來，常常憂心觀中供奉聖像的殿閣，常住的廳堂屋宇，都已屋頂頹塌，下牆毀壞，以至窗戶、臺階，也已折毀殆盡。就命其弟子天天進行修繕，有裂縫漏雨之處加以修補，有傾斜不正處加以扶正，丙戌年被折斷手臂的聖像，也一一重新安裝好，塗飾一新。又新修道徒宿舍四十餘間，所需一切，不靠外界施捨捐贈，都由常住道徒自行解決。凡遇夏季，命令各齋舍晚上不准點燈，直到秋末，稍有燈火，還親自查看，以預防發生火災。十月，丘師從寶玄樓遷下來，入居方壺齋，每天晚上召集眾位高師大德按次序落坐，高談清論，有時通宵不入睡。仲冬十一月十三日，丘師夜半振衣而起，在庭院中散步，既而回來坐下，寫了一首五言律詩給眾人看，詩云：

萬象彌天遼闊，三更坐地辛勞。
參星橫西嶺下，斗轉北辰高懸。
大勢無由遏止，長空不可掩藏。
循環誰能主宰，億劫自能堅牢。

丁亥年，由春到夏，又發生旱災，主管官員多次祈禱，因儀式簡略，未得回應。京師信奉道教的會眾，一天，前來請丘師舉行祈雨醮事，隨後消災會等道徒也來請師設醮，丘師舒緩地對他們說：「我正關注設醮祈雨事，你們大家也有此建議，正所謂好事不約而同也。你們兩家，應當熱心周到做好此事。」接著約定五月一日作祈雨醮祭，初三日為賀雨醮祭。如果三天之內降雨，名為瑞應雨。超過三日雖得降雨，已非設醮祈雨所致也。有人說：「天意不易猜測，師父對眾人說出此話，萬一不能按時降雨，能不招來小人誹謗嗎？」丘師說：「此事非你所能知曉。」等作完一天醮祭，雨就開始下起來。第二天，水深足有一尺。過三天後，天空四方蕩滌如洗，一片澄清，以結束謝雨醮祭，果如丘師所言。其時暑氣悶熱難耐，元帥張資胤請丘師遊覽西山，再四來請，殷勤備至，丘師應約而去。第二天用齋完畢，雨後遊東山庵，丘師與客人坐在林間，傍晚將要返回時，丘師作五言絕句一首給眾人看，詩云：

西山爽氣澄清，雨過白雲輕盈。
有客林間閒坐，無心大道自成。

回到元帥府後，在樓上居住數日，來聽講道之人甚多，整夜不能入睡。又應大谷庵的邀請，次日又有清夢庵相請。這天夜裡，大雨由北方而來，雷電交加，東西震耀。丘師說：「這就是道顯現出來的功能作用。得道之人，其聲威光耀浩大無際，無所不在，雷電也不能匹敵呀。」夜深客散，丘師在草堂躺著休息。片刻之間風雨驟至，劈雷一震，窗戶幾乎被震碎，少時便沒有一點聲音，人們都感到奇怪。有人說：「疾雷應當流動而至，為何一響而絕呢？」有人回答說：「難道是因為至人在此，雷神為此收斂威嚴嗎？」回到天長觀，五月二十五日，道人王志明由秦州到來，傳達皇帝旨意，把北宮仙島改為萬安宮，天長觀改為長春宮，告知全國出家道人都隸屬於丘師統管。還賜給丘師虎頭金牌，道教之事一切仰賴丘神仙處置。小暑過後，屢降大雨，暑氣更盛。丘師作七言詩示眾云：

暑熱熏天萬里遙，洪波拍海大河湧潮。
嘉禾已見三秋待熟，旱魃仍聞五月全消。
百姓共喜生計有望，三軍不令自行協調。
實由道化暢通無外，暗賜豐年協助聖朝。

自瓊島為道院，樵薪捕魚者絕迹，數年，園池中禽魚蕃育，歲時遊人往來不絕。齋餘，師乘馬，日凡一往。六月二十有一日，因疾不出，浴於宮之東溪。二十有三日，人報巳午間❶雷雨大作，太液池❷之南岸崩裂，水入東湖，聲聞數十里，黿鼉❸魚鱉盡去，池遂枯涸。北口山❹亦摧❺。師聞之，初無言，良久笑曰：「山摧池枯，吾將與之俱乎？」

七月四日，師謂門人曰：「昔丹陽❻嘗授記❼於余云：『吾沒之後，教門當大興，四方往往化為道鄉，公正當其時也。道院皆敕賜名額，又當住持大宮觀，仍有使者佩符乘傳❽，勾當❾教門事，此時乃公功成名遂歸休❿之時也。』丹陽之言，一一皆驗，若念符契⓫。況教門中勾當人，內外悉具，吾歸無遺恨矣。」師既示疾⓬於寶玄，一日數如偃中⓭，門弟子止之，師曰：「吾不欲勞人，汝等猶有分別⓮在，且偃寢奚異⓯哉？」七月七日，門人復請曰：「每日齋會，善人⓰甚眾，願垂大慈，還堂上，以慰瞻禮。」師曰：「我九日上堂去也。」是日午後，留頌云：

生死朝昏事一般，幻泡⓱出沒水長閑。
微光見處跳烏兔⓲，玄暈⓳開時納海山。
揮斥八紘如咫尺⓴，吹噓萬有似機關㉑。

狂辭落筆成塵垢，寄在時人妄聽聞。

遂登葆光堂歸真㉒焉。異香滿室，門人捻香拜別，眾欲哭，臨侍者㉓張志素、武志攄等遽止㉔眾曰：「真人適有遺語，令門人宋道安提舉㉕教門事，尹志平副之，張志松又其次，王志明依舊勾當，宋德方、李志常等，同議教門事。」遂復舉似㉖〈遺世頌〉畢，提舉宋道安等再拜而受。黎明，具麻服㉗，行喪禮，奔走赴喪者萬計。宣差劉仲祿聞之，愕然歎曰：「真人朝見以來，君臣道合。離闕之後，上意眷慕，未嘗少忘。今師既昇去，速當奏聞。」

【注釋】❶巳午間　巳時與午時之間。巳時相當於九時至十一時，午時相當於十一時至十三時。則巳午間相當於九時至十三時之間。❷太液池　古池名，漢唐二代之太液池在長安。元明清之太液池即今北京故宮西華門外的北海、中海、南海三海。❸黿鼉　黿，大鱉，背青黃色，頭有疙瘩，俗稱癩頭黿。鼉，一名鼉龍，又名豬婆龍，即揚子鱷。體長六尺至丈餘，四足，背尾有鱗甲，力能壞堤岸，皮可冒鼓。❹北口山　或指北京東北郊之古北口一帶山脈。❺摧　毀壞；崩壞。❻丹陽　馬鈺，號丹陽子，山東寧海人，富甲州里，輕財好施，喜讀書，善文。為王重陽之大弟子，王死後，繼為全真派掌門，為全真七子之長，在教中威望頗高。❼授記　佛道中有道行高僧高道留下的預言某人何時可得道成仙之類話語。❽佩符乘傳　佩帶皇上頒發的符信，乘坐驛站的車馬。言其受到官府的大力支持。❾勾當　辦理。❿歸休　歸去。為死亡、歸天之意。⓫若念符契　念，《道藏輯要》作「合」，當是。若合符契，如同兩符節吻合一體。符契即符節，為古代朝廷用作憑證的信物。符以竹、木或金屬為之，上書文字，剖分為二，各執其一，使用時以兩片相合為驗，即為合符契。此喻丹陽留下之預言，與後事完全相合。⓬示疾　得道之高僧高道有病稱示疾。意為神仙與佛是不會真正生病的，不過是應機隨緣之顯示。⓭數如偃中　頻繁去廁所。有說丘所得之病為中毒性痢疾。⓮分別　把萬事萬物看成是有差別的。沒有達到齊萬物、齊是非、齊生死的至人境界。⓯偃寢奚異　廁所與寢室有何差別。⓰善人　行善之人。指向道觀布施財物，修好積德，廣結善緣之人。⓱幻泡　變幻不定的泡沫。比喻世間萬事萬物之具像如泡沫般處於不斷生滅變幻之中，是不真的，不可執著。⓲跳烏兔　日月流轉不息。古代神話說，太陽中有三足烏，月亮中有玉兔，故稱日為金烏，月為玉兔，合稱日月為烏兔。⓳玄量　大道包含之巨大容量。⓴揮斥八紘如咫尺　揮舞八維如運行咫尺。八紘，聯繫八方之極的綱維。咫尺，古時八寸為咫，咫尺比喻很短的距離。㉑機關　事物發動的樞紐、關鍵。㉒歸真　歸去，此指死亡、升天。㉓臨侍者　臨終時在傍侍奉之弟子。㉔遽止　急忙制止。㉕提舉　掌管。亦為官名，宋代以後設立的主管專門事物之官，有提舉常平、提舉市舶、提舉學事、提舉宮觀等。此為丘命宋道安代己統管全真教事務，非官府任命。㉖似　有的版本作「示」，或是。㉗麻服　用麻布製作的喪服。

【語　譯】自從瓊島成為道院，打柴捕魚者絕跡，數年時間，園池中禽類和魚類大量繁衍，一年四季遊人往來不絕。用齋完畢，丘師每天都要騎馬來此一次。六月二十一日，因病未出，在長春宮之東溪中洗浴。二十三日，有人告知在巳時到午時之間雷雨大作，太液池之南岸崩裂，池水湧入東湖，聲聞數十里，黿鼉魚鱉全部逃去，池水也隨之乾涸。北口山也崩塌了。丘師聽到這些，一開始未說話，過了許久笑著說：「山崩池枯，我將要與它們一道嗎？」七月四日，丘師對門人說：「以前丹陽真人曾給我留下預言說：『我死之後，全真教派將大加興旺，四面八方處處化為奉道之鄉，你正當其時也。道院都由皇帝賜予名稱和匾額，又當主持大的宮觀，並有使者佩帶皇上頒發的符信，乘坐驛站的車馬，管理教門中事，此時就是你功成名就歸天之時也。』丹陽真人的話，一一應驗，如同符節吻合。況且全真教內管事之人，內外都已齊備，我歸去也沒有遺憾了。」丘師已臥病於寶玄齋，每天頻繁去廁所，門弟子勸止，丘師說：「我不願意勞碌別人，你們還是把事物看成有差別的，其實在廁所與在寢室有什麼不同呀？」七月七日，門人又請求說：「每天齋會上，行善之人很多，願我師垂降大慈悲心，回到堂上，以寬慰眾位瞻禮者心願。」丘師說：「我在初九這天到堂上去。」這天午後，留下一頌詩云：

生死朝昏事本一般，幻泡出沒水自長閑。
微光見處烏出兔轉，玄量開時廣納海山。
揮舞八紘如運咫尺，吹噓萬有似掌機關。
狂辭落筆已成塵垢，寄在時人姑妄聽之。

接著登上葆光堂病逝。堂內異香滿室，弟子們焚香拜別，眾人欲哭，丘師臨終前在旁侍奉的張志素、武志攄等急忙制止眾人說：「真人適才留下遺言，命門人宋道安掌管教門事，尹志平為副手，張志松又其次，王志明依舊擔負原職務，宋德方、李志常等一同商議教門中事。」接著把〈遺世頌〉舉示眾人已畢，新掌門人宋道安等再次叩拜，接受遺命。次日黎明時分，眾人穿好喪服，舉行喪禮，前來奔喪弔唁者有上萬人。宣差劉仲祿聞知此事愕然驚嘆說：「真人自朝見皇上以來，君臣見解相合。真人離朝之後，皇上思念仰慕，未曾稍忘。今師父已升天而去，應當火速向皇上奏報。」

首七❶之後，四方道俗遠來赴喪，哀慟如喪考妣❷，於是求訓法名❸者日益多。一日，提舉宋公謂志常曰：「今月上七日，公暨我同受師旨，法名等事，尔其代書，止用吾手字印❹。此事已行，姑沿襲之。」繼而清和大師尹公至自德興，行祀事。既終七❺，提舉宋公謂清和曰：「吾老矣，不能維持教門，君可代我領之也。」讓至於再，清和受其託。遠邇奉道，會中善眾，不減往昔。戊子❻春三月朔，清和建議為師構堂於白雲觀，或曰：「工力浩大，粮儲鮮少，恐難成功。」清和曰：「凡事要人前思，夫眾可與樂成，不可與慮始❼。但事不思已，教門竭力，何為而不辦！況先師遺德在人，四方孰不瞻仰。可不勞行化❽，自有人贊助此緣，公等勿疑。更或不然，常住之物，費用靜盡，各操一瓢，乃所願也。」宣差便宜劉公聞而喜之，力贊其事。遂舉鞠志圓等董其役⑨。自四月上丁⑩，除地建址，歷戊、己、庚⑪，俄⑫有平陽、太原、堅、代、蔚、應⑬等群道人二百餘，賫⑭粮助力，肯構是堂，四旬告成。其間同結茲緣者，不能備紀。議者以為，締構之勤，雖由人力，亦聖賢陰有以扶持也。期⑮以七月九日，大葬仙師。六月間霖雨⑯不止，皆慮有妨葬事。既七月初吉，遽報晴霽，人心翕然和悅。前一日，將事之初，乃炷香設席，以嚴其祀⑰。及啟柩，師容色儼然⑱如生，遠近王官、士庶、僧尼、善眾，觀者几三日，日萬人，皆以手加額，嘆其神異焉。繼而喧播四方⑲，傾心歸嚮，來奉香火者，不可勝計。本宮建奉安道場⑳三晝夜，預告齋旬日。八日辰時，玄鶴自西南來，尋有白鶴繼至，人皆仰而異之。九日子時後，設靈寶清醮三百六十分位㉑，醮禮終，藏仙蛻㉒於堂，異香芬馥，移時不散。臨午致齋，黃冠羽服㉓與坐者數千人。奉道之眾，又復萬餘。既寧神㉔，翌日大雨復降。人皆嘆曰：「天道人事，上下和應，了此一大事，非我師道德純備，通於天地，達於神明，疇克如是乎㉕？諒非人力所能致也。」權省宣撫㉖王公巨川，咸陽巨族也，素慕玄風㉗，近歲又與父師相會於燕，雅懷昭映㉘，道同氣合，尊仰之誠，更甚疇昔㉙，故會茲葬事，自為主盟，京城內外，屯以甲兵，備其不虞。罷散之日，略無驚擾，於是親榜其堂曰「處順」，其觀曰「白雲」焉。

師為文，未始起稾，臨紙肆筆㉚而成，後復有求者，或輒自增損，故兩存之。嘗夜話謂門弟子曰：「古之得道人，見於書傳者，略而不博，失其傳者可勝言哉！余屢對汝眾舉近世得道之士，皆耳目所親接者，其行事甚詳，其談道甚明。暇日，當集《全真大傳》，以貽後人。」師既沒，雖嘗口傳其槩，而後之學者，尚未見其成書，惜哉！

【注釋】❶首七　舊喪禮習俗，人死後每隔七天為一忌日，每個忌日都要舉行祭奠，直至七七四十九日止。首七又稱頭七，為死後七天，第一個忌日。❷考妣　父母，後多指已死父母。《禮記・曲禮》：「生曰父曰母，死曰考曰妣。」❸求訓法名　請求道觀住持授給法名。❹手字印　印章，指自書己名刻成之印章。❺終七　死後四十九日，第七個忌日終了。❻戊子　即一二二八年。❼眾可與樂成二句　眾人可與其樂享其成，不可與其謀劃如何創始。語出《商君書》：「民不可與慮始，而可與樂成。」❽行化　外出行走募化。❾董其役　督管此項工程。❿上丁　農曆每月上旬的丁日。⓫戊己庚　為丁日後的連續三天。⓬俄　忽然；不久。⓭平陽句　平陽，在今山東新泰西北。太原，堅，堅州，唐代為繁畤縣，金代為堅州，屬太原路，元代仍稱堅州，在今山西繁峙。代，代州，今山西代縣。蔚，蔚州，即今河北蔚縣。應，應州，唐末置，元初為應州，領金城、山陰二縣，即今之山西應縣。⓮賚　贈。⓯期　約定時日。七月九日為丘逝世一週年，故約定此日下葬。⓰霖雨　連綿大雨。⓱以嚴其祀　使葬禮莊嚴隆重。⓲儼然　宛然；好像真的。⓳喧播四方　喧呼著傳播四方。⓴奉安道場　恭敬安葬丘師靈柩的道教法會。㉑靈寶清醮三百六十分位　極為隆重的齋醮法事。祭壇要供奉三百六十天尊神位。要有幾十位道士誦經作法事。㉒仙蛻　指丘之遺體。道教認為，修道者得道成仙後，離開形體飛升仙界，只留下一具軀殼，有如蟬蛻，故稱仙蛻。㉓黃冠羽服　道士之冠服，亦代表道士。㉔既寧神　安葬禮儀完畢。寧神即安葬，使死者入土為安，靈魂得安寧。㉕疇克如是乎　誰能如此。疇，誰。㉖權省宣撫　代理行省宣撫。權，暫代官職。㉗玄風　談論道家義理之風尚。㉘雅懷昭映　高雅情懷，相互映照。㉙疇昔　往昔；往日。㉚臨紙肆筆　面對紙張，恣意運筆。肆，縱情；隨意。

【語　譯】首七過後，四方道俗遠道前來赴喪，哀切痛哭，如喪父母，於是來請求授與法名的人，一天比一天多。一天，提舉宋公對李志常說：「本月初七，您和我一同領受師父臨終旨意，以後授與法名等事，您就代為書寫，只蓋上我的印章就可以了。此事師父在世時已經實行，暫且沿襲下去吧。」接著清和大師尹志平由德興回來，行祭奠之事。終七之後，提舉宋公對清和說：「我老了，無力維持教中事務，您可代我領此職事。」經過再三推讓，清和接受其託付。遠近民眾，信奉大道，教中善人，不減往日。戊子年春三月初一，清和建議為丘師在白雲觀旁構建廟堂，有人說：「工程浩大，觀中儲糧甚少，恐怕難以成功。」清和說：「凡事都要人事前謀劃，眾人可與其樂享其成功，不可與其謀劃創始。此事只是沒有謀劃，如果謀劃好，教門道眾齊心盡力，有什麼辦不到！況且先師遺德深入人心，四方各地誰不敬仰。工程費用可以不用大家出外募化，自會有人樂於贊助以結善緣，大家不必懷疑。即便不是這樣，把觀中廟產、經費全部用光，也不過是大家各操一瓢，募化而食，也是我所願意的。」宣差便宜使劉敏聽到此事很高興，極力贊助。於是推舉鞠志圓等人負責督管此工程。從四月上旬丁日開始，清除場地，建立基址，過了三日，忽然有平陽、太原、堅州、代州、蔚州、應州等地的道士二百多人，前來贈糧助力，肯於參加建此廟堂，四十天工夫，即告完成。在此期間同結善緣之人甚多，不能一一備記。議論者認為，工程建設得這樣快，雖由於人力，也是聖賢在暗中加以扶持的結果。約定在七月九日，舉行盛大的安葬先師儀式。六月間，大雨連綿不止，大家都擔心會妨礙葬禮的進行。過了七月初一，立刻告知天氣晴朗，人的心情都快樂起來。葬禮前一天，行葬事之始，就焚香鋪設席位，以使葬禮莊嚴隆重。等到打開靈柩，丘師的面色宛然如生，來自遠近各地的王官、士庶、僧尼、善眾，瞻仰遺容三天，每天都有上萬人，大家都以手加額，驚嘆其神異。隨即喧呼著播向四方，前來傾心歸向，供奉香火之人不可勝計。長春宮舉辦奉安道場三天三夜，預告施捨齋飯十天。八日辰時，有黑色仙鶴從西南飛來，過一會兒又有白鶴繼續飛來，人皆仰望而感驚異。九日子時以後，設靈寶清醮三百六十分位，醮禮結束，安放遺體於靈堂地下室中，異香芬芳，好長一段時間不散。臨近午時備下齋宴，黃冠羽服道士在坐者有數千人。信奉道教的民眾又有萬餘人。安葬禮儀完畢，第二天大雨又降。人們都感嘆說：「天道人事，上下應和，了結了這樣一件大事，不是我師道德純備，通於天地，達於神明，誰能如此呀？確信不是人力所能達到的。」代理行省宣撫王巨川，為咸陽巨族，平時傾慕談玄論道之風，近幾年又與父師相會燕京，高雅情懷相互映照，對父師尊敬仰慕之誠意更甚於往昔，因此遇到此安葬之事，自任為主盟，在京城內外屯駐甲兵，以預防不測。直至葬禮結束，參加者散去，沒有發生任何驚擾，於是親自為此堂題匾額為「處順」，題其觀為「白雲」。

丘師作文賦詩，未曾打過草稿，面對紙張，恣意運筆，一揮而就，以後再有求題字者，有時則對原稿作些增刪後贈與，故兩種原件皆保存起來。丘師曾在夜間閒談，對門弟子說：「古之得道高人，見於書傳記載的，大都粗略而不全面，失傳之事不可勝言啊！我多次對你們眾人列舉近世得道高人之事跡，都是親自看到聽到的，他們的事跡甚為詳盡，他們談論大道甚為明晰。以後有閒暇之日，當結集成《全真大傳》，以傳後人。」丘師已經逝世，雖曾口頭傳下一些梗概，而後之學者尚未看到成書，太可惜啦！

古籍今注新譯叢書

書種最齊全
注譯最精當

【哲學類】

新譯四書讀本	謝冰瑩等編譯
新譯學庸讀本	王澤應注譯
新譯孝經讀本	賴炎元等注譯
新譯論語新編解義	胡楚生編著
新譯易經讀本	郭建勳注譯
新譯周易六十四卦經傳通釋	黃慶萱注譯
新譯乾坤經傳通釋	黃慶萱注譯
新譯易經繫辭傳解義	吳　怡著
新譯禮記讀本	姜義華注譯
新譯儀禮讀本	顧寶田等注譯
新譯孔子家語	羊春秋注譯
新譯老子讀本	余培林注譯
新譯帛書老子	趙　鋒注譯
新譯老子解義	吳　怡著
新譯莊子讀本	黃錦鋐注譯
新譯莊子讀本	張松輝注譯
新譯莊子本義	水渭松注譯
新譯莊子內篇解義	吳　怡著
新譯列子讀本	莊萬壽注譯
新譯管子讀本	湯孝純注譯
新譯墨子讀本	李生龍注譯
新譯公孫龍子	丁成泉注譯
新譯晏子春秋	陶梅生注譯
新譯鄧析子	徐忠良注譯
新譯荀子讀本	王忠林注譯
新譯尹文子	徐忠良注譯
新譯尸子讀本	水渭松注譯
新譯鶡冠子	趙鵬團注譯
新譯鬼谷子	王德華等注譯
新譯韓非子	傅武光等注譯
新譯呂氏春秋	朱永嘉等注譯
新譯韓詩外傳	孫立堯注譯
新譯淮南子	熊禮匯注譯
新譯春秋繁露	朱永嘉等注譯
新譯新書讀本	饒東原注譯
新譯新語讀本	王　毅注譯
新譯潛夫論	彭丙成注譯
新譯論衡讀本	蔡鎮楚注譯
新譯申鑒讀本	林家驪等注譯

新譯人物志　吳家駒注譯
新譯張載文選　張金泉注譯
新譯近思錄　張京華注譯
新譯傳習錄　李生龍注譯
新譯呻吟語摘　鄧子勉注譯
新譯明夷待訪錄　李廣柏注譯

【文學類】

新譯詩經讀本　滕志賢注譯
新譯楚辭讀本　林家驪注譯
新譯楚辭讀本　傅錫壬注譯
新譯文心雕龍　羅立乾注譯
新譯六朝文絜　蔣遠橋注譯
新譯世說新語　劉正浩等注譯
新譯昭明文選　周啟成等注譯
新譯古文觀止　謝冰瑩等注譯
新譯古文辭類纂　黃鈞等注譯
新譯樂府詩選　溫洪隆注譯
新譯古詩源　馮保善注譯
新譯千家詩　邱燮友等注譯
新譯詩品讀本　成林等注譯
新譯花間集　朱恒夫注譯
新譯南唐詞　劉慶雲注譯

新譯絕妙好詞　聶安福注譯
新譯唐詩三百首　邱燮友注譯
新譯宋詩三百首　陶文鵬注譯
新譯宋詞三百首　汪中注譯
新譯宋詞三百首　劉慶雲注譯
新譯元曲三百首　賴橋本等注譯
新譯明詩三百首　趙伯陶注譯
新譯清詩三百首　王英志注譯
新譯清詞三百首　陳水雲等注譯
新譯唐人絕句選　卞孝萱等注譯
新譯唐才子傳　戴揚本注譯
新譯拾遺記　石磊注譯
新譯搜神記　黃鈞注譯
新譯唐傳奇選　束忱等注譯
新譯宋傳奇小說選　束忱注譯
新譯明傳奇小說選　陳美林等注譯
新譯容齋隨筆選　朱永嘉等注譯
新譯明散文選　周明初注譯
新譯明清小品文選　鄭婷注譯
新譯人間詞話　馬自毅注譯
新譯白香詞譜　劉慶雲注譯
新譯幽夢影　馮保善注譯
新譯菜根譚　吳家駒注譯

新譯小窗幽記　馬美信注譯
新譯圍爐夜話　馬美信注譯
新譯郁離子　吳家駒注譯
新譯歷代寓言選　黃瑞雲注譯
新譯賈長沙集　林家驪注譯
新譯揚子雲集　葉幼明注譯
新譯曹子建集　曹海東注譯
新譯建安七子詩文集　韓格平注譯
新譯阮籍詩文集　林家驪注譯
新譯嵇中散集　崔富章注譯
新譯陸機詩文集　王德華注譯
新譯陶淵明集　溫洪隆注譯
新譯江淹集　羅立乾等注譯
新譯庾信詩文選　歸青注譯
新譯初唐四傑詩集　李福標注譯
新譯駱賓王文集　黃清泉注譯
新譯王維詩文集　陳鐵民注譯
新譯孟浩然詩集　楊軍注譯
新譯李白詩全集　郁賢皓注譯
新譯李白文集　郁賢皓注譯
新譯杜甫詩選　張忠綱等注譯
新譯杜詩菁華　林繼中注譯
新譯高適岑參詩選　孫欽善等注譯

新譯昌黎先生文集　周啟成等注譯
新譯劉禹錫詩文選　閻　琦注譯
新譯柳宗元文選　卞孝萱等注譯
新譯白居易詩文選　陶　敏等注譯
新譯元稹詩文選　郭自虎注譯
新譯李賀詩集　彭國忠注譯
新譯杜牧詩文集　張松輝注譯
新譯李商隱詩選　朱恒夫等注譯
新譯范文正公選集　王興華等注譯
新譯蘇洵文選　羅立剛注譯
新譯蘇軾文選　滕志賢注譯
新譯蘇軾詞選　鄧子勉注譯
新譯蘇轍文選　朱　剛注譯
新譯曾鞏文選　高克勤注譯
新譯王安石文選　沈松勤注譯
新譯唐宋八大家文選　鄧子勉注譯
新譯柳永詞集　侯孝瓊注譯
新譯李清照集　姜漢椿等注譯
新譯陸游詩文集　韓立平注譯
新譯辛棄疾詞選　聶安福注譯
新譯歸有光文選　鄔國平注譯
新譯唐順之詩文選　馬美信注譯
新譯徐渭詩文選　周　群等注譯

新譯薑齋文集　平慧善注譯
新譯顧亭林文集　劉九洲注譯
新譯納蘭性德詞　馮　乾注譯
新譯方苞文選　鄔國平等注譯
新譯鄭板橋集　朱崇才注譯
新譯袁枚詩文選　王英志注譯
新譯李慈銘詩文選　潘靜如注譯
新譯聊齋誌異選　任篤行等注譯
新譯閱微草堂筆記　嚴文儒注譯
新譯浮生六記　馬美信注譯
新譯弘一大師詩詞全編　徐正綸編著

【歷史類】

新譯史記　韓兆琦注譯
新譯漢書　吳榮曾等注譯
新譯後漢書　魏連科等注譯
新譯三國志　吳樹平等注譯
新譯資治通鑑　張大可等注譯
新譯史記—名篇精選　韓兆琦注譯
新譯尚書讀本　吳　璵注譯
新譯尚書讀本　郭建勳注譯
新譯周禮讀本　賀友齡注譯
新譯逸周書　牛鴻恩注譯

新譯左傳讀本　郁賢皓等注譯
新譯公羊傳　雪　克注譯
新譯穀梁傳　顧寶田注譯
新譯春秋穀梁傳　周　何注譯
新譯戰國策　溫洪隆注譯
新譯國語讀本　易中天注譯
新譯說苑讀本　左松超注譯
新譯說苑讀本　羅少卿注譯
新譯新序讀本　葉幼明注譯
新譯吳越春秋　黃仁生注譯
新譯西京雜記　曹海東注譯
新譯列女傳　黃清泉注譯
新譯越絕書　劉建國注譯
新譯燕丹子　曹海東注譯
新譯東萊博議　李振興等注譯
新譯唐六典　朱永嘉等注譯
新譯唐摭言　姜漢椿注譯

【宗教類】

新譯金剛經　徐興無注譯
新譯高僧傳　朱恒夫等注譯
新譯碧巖集　吳　平注譯
新譯百喻經　顧寶田注譯

新譯楞嚴經　賴永海等注譯
新譯梵網經　王建光注譯
新譯圓覺經　商海鋒注譯
新譯法句經　劉學軍注譯
新譯六祖壇經　李中華注譯
新譯禪林寶訓　李中華注譯
新譯維摩詰經　陳引馳等注譯
新譯經律異相　顏洽茂注譯
新譯阿彌陀經　蘇樹華注譯
新譯無量壽經　邱高興注譯
新譯無量壽經　蘇樹華注譯
新譯妙法蓮華經　張松輝注譯
新譯景德傳燈錄　顧宏義注譯
新譯大乘起信論　韓廷傑注譯
新譯釋禪波羅蜜　蘇樹華注譯
新譯八識規矩頌　倪梁康注譯
新譯永嘉大師證道歌　蔣九愚注譯
新譯華嚴經入法界品　楊維中注譯
新譯地藏菩薩本願經　李承貴注譯
新譯悟真篇　劉國樑等注譯
新譯无能子　張松輝注譯
新譯坐忘論　張松輝注譯
新譯列仙傳　張金嶺注譯

新譯抱朴子　李中華注譯
新譯神仙傳　周啟成注譯
新譯性命圭旨　傅鳳英注譯
新譯老子想爾注　顧寶田等注譯
新譯周易參同契　劉國樑注譯
新譯道門觀心經　王　卡注譯
新譯養性延命錄　曾召南注譯
新譯樂育堂語錄　戈國龍注譯
新譯冲虛至德真經　張松輝注譯
新譯長春真人西遊記　顧寶田等注譯
新譯黃庭經・陰符經　劉連朋等注譯

軍事類

新譯司馬法　王雲路注譯
新譯尉繚子　張金泉注譯
新譯三略讀本　傅　傑注譯
新譯六韜讀本　鄔錫非注譯
新譯吳子讀本　王雲路注譯
新譯孫子讀本　吳仁傑注譯
新譯李衛公問對　鄔錫非注譯

教育類

新譯爾雅讀本　陳建初等注譯
新譯顏氏家訓　李振興等注譯
新譯聰訓齋語　馮保善注譯
新譯曾文正公家書　湯孝純注譯
新譯三字經　黃沛榮注譯
新譯百家姓　馬自毅等注譯
新譯幼學瓊林　馬自毅注譯
新譯增廣賢文・千字文　馬自毅注譯
新譯格言聯璧　馬自毅注譯

政事類

新譯商君書　貝遠辰注譯
新譯鹽鐵論　盧烈紅注譯
新譯貞觀政要　許道勳注譯

地志類

新譯山海經　楊錫彭注譯
新譯水經注　陳橋驛等注譯
新譯佛國記　楊維中注譯
新譯大唐西域記　陳　飛等注譯
新譯洛陽伽藍記　劉九洲注譯
新譯徐霞客遊記　黃　珅注譯
新譯東京夢華錄　嚴文儒注譯

◎新譯冲虛至德真經

張松輝／注譯　周鳳五／校閱

《冲虛至德真經》（原名《列子》）不僅是道教的一部重要經典，也是道家乃至中國思想史上的一部重要典籍。它由一百多個寓言故事構成，內容或講政治，或談學習，或談處世；它們都有一個共通點，即以人人都明白的故事去說明艱澀難懂的道家理論。著名的寓言如「愚公移山」、「歧路亡羊」皆出於此。書中豐富的想像和誇張的手法，使它走出一般子書的嚴肅、刻板，在儒學一言堂的社會裡，提供另一種不同的聲音。本書正文根據「正統道藏」本，注譯簡明扼要，除了吸收不少前人的研究成果，也有注譯者獨到的點滴心得。